## 材料使いきり、便利なおかず

―キャベツが使いきれずに、いたんでしまった。
―作った料理が食べきれなかった。
―材料があるのに、新しいものを買ってしまった。

材料や食べものを、むだにしていませんか。

ベターホームの先生は教室でプロとして
料理を教えながら、家庭ではひとりの主婦。
毎日、家族のための食事を作り、
生活や食について、深い関心をもっています。

そんな先生たちがいつも心がけていることは、
"材料は使いきって、しっかり食べる"。

先生たちは、「食べられるもの」を捨ててしまうことが
いちばんもったいないことだと考えています。
そこで、この本ではベターホームの先生たちの
**"材料を使いきるためのおかず"** の
レシピやアイディアをまとめました。
特に、むだになりがちな野菜を多く紹介しています。

忙しい人にとって、毎日の料理作りは大変なこと。
だからこそ、食べものをもっともっと大切にしたい。
食べきることは、家計にうれしく、
地球にやさしく、そして体によいことです。
今日から、使いきり生活を始めましょう。

ベターホーム出版局

# 目　次

## 冷蔵庫すっきり 野菜使いきりレシピ

**08　キャベツ**
- キャベツのおかかあえ
- キャベツとスモークサーモンのパスタサラダ
- キャベツと油揚げの煮もの
- たっぷりキャベツのメンチカツ
- キャベツのスープ煮

**12　だいこん**
- だいこんのめんたいあえ
- だいこんのマヨネーズサラダ
- だいこんとにんじんのみそ煮
- だいこんのトマトシチュー
- みぞれ汁
- だいこんの皮のきんぴら

**16　レタス**
- レタスのゆずこしょうあえ
- レタスの梅ドレッシング
- レタスととり肉のいためもの
- レタスのトマトソース煮
- レタスとザーサイのスープ

**20　はくさい**
- かんたん辣白菜（ラーパーツァイ）
- はくさいとのりのごま風味あえ
- はくさいのイタリアンサラダ
- はくさい鍋

**24　じゃがいも**
- じゃがいもの焼きコロッケ
- じゃがいものカマンベール風味
- じゃがいもとアスパラガスのバター煮
- じゃがいものきんぴら
- じゃがいもとにらのチヂミ

**28　にんじん**
- にんじんのポタージュ
- にんじんのナムル
- にんじんと生揚げの煮もの
- にんじんパスタ
- にんじんとさつまいものはちみつ風味

**32　たまねぎ**
- たまねぎとさくらえびのいためもの
- たまねぎと豚肉の串揚げ

**34　きゅうり**
- たたききゅうりのおかかあえ
- きゅうりとささみのいためもの
- きゅうりの紫あえ

**36　なす**
- なすととり肉の煮もの
- なすの田舎煮
- なすのレンジ蒸し中華風

---

### 材料を使いきるには

## 1. 使いかけから、使いきる

冷蔵庫にある使いかけの野菜、使いきれない調味料、食べきれずに残った料理は、新しい材料を買う前に先に使いきりましょう。当たり前のようでいて、意外とむずかしい「使いきり」の基本です。

## 捨てるところもおいしく食べる むだなし cooking

**捨てずに料理**

| 38 | **ほうれんそう** |
|---|---|
| | ほうれんそうと牛肉のいためもの |
| | ほうれんそうとシーフードのグラタン |
| | ほうれんそうと卵のスープ |
| 40 | **ねぎ** |
| | ねぎの串焼き甘みそのせ |
| | ねぎのすき焼き煮 |
| 42 | **もやし** |
| | もやしのねぎ油あえ |
| | もやしとピーマンの酢じょうゆあえ |
| | もやしとツナのサラダ |
| 44 | **かぼちゃ** |
| | かぼちゃとがんもの煮もの |
| | かぼちゃサラダ |
| 46 | **残り野菜** |
| | 具だくさん野菜スープ |
| | ソースチャーハン |
| | ジンジャーティー |
| 48 | **もうむだにしない！　冷蔵庫すっきり！ 料理上手の使いきり術** |
| | ー 使いきりのコツは、「むだを買わない、むだにしない」 |
| | ー ベターホームの先生がやっている「使いきりの小ワザ」 |
| | ー 先生教えて！　食材を使いきるためのQ＆A |

| 58 | **魚のあら・いかげそ** |
|---|---|
| | あらのハーブ焼き |
| | きんめだいのあら煮 |
| | いかげそマリネ |
| 60 | **とりの皮・手羽先** |
| | とり皮きんぴらごぼう |
| | かんたんとり皮焼き |
| | とり手羽先のスープ |
| 62 | **かたくなったパン** |
| | パンサラダ |
| | ズッキーニとトマトのパングラタン |
| | パンの耳ラスク |
| 64 | **残りごはん** |
| | ごはんのお焼き |
| 65 | **だしがら** |
| | だしがらこんぶの梅干し煮 |
| 66 | **生クリーム** |
| | 野菜のオムレツ |
| 67 | **卵白** |
| | オクラのふんわりすまし汁 |

**作った料理を、アレンジ**

| 68 | **ポトフ** |
|---|---|
| | ポテトサラダ |
| | ミネストローネ |
| 70 | **肉じゃが** |
| | じゃがドリア |
| | 変わりオムレツ |
| 72 | **焼きざけ** |
| | さけときのこのパスタ |
| | さけのマリネ |

## 2. 切る、ゆでるで 食べやすく

野菜を洗ったり、切ったりするのは意外と手間がかかります。忙しい日でも、すぐ食べられるように準備しておきましょう。買ってきたら、洗う、切るなどしておけば、帰宅後は切ってある野菜を鍋に入れたり、あえたりするだけですみます。

 ## わが家の調味料で作る たれ・調味料レシピ

| 76 | ホワイトシチューのルウ |
|---|---|
| | さけと根菜のクリームシチュー |
| 77 | 豆板醤（トーバンジャン） |
| | 麻婆豆腐（マーボードウフ） |
| 78 | 甜麺醤（テンメンジャン） |
| | なすとピーマンの甘みそいため |
| 79 | すき焼きのたれ |
| | すき焼き丼 |
| 80 | ごまだれ |
| | ごまだれうどん |
| 81 | お好み焼きソース |
| | 焼き肉のたれ |
| | ドレッシング |

 ## いろいろ使える！ おいしい乾物レシピ

| 84 | ひじき |
|---|---|
| | ひじきととうふのサラダ |
| | ひじきのツナマヨサラダ |
| | ひじきのいためもの |
| 86 | 切り干しだいこん |
| | 切り干しだいこんの卵焼き |
| | 切り干しだいこんのピリ辛いため煮 |
| | 切り干しだいこんとさといものみそ汁 |
| 88 | 干ししいたけ |
| | 干ししいたけとセロリのいためもの |
| | 干ししいたけの炊きこみごはん |
| | 干ししいたけの黒煮 |
| 90 | 高野どうふ |
| | 高野どうふのそぼろ |
| | 高野どうふのピカタ |
| | 高野どうふの変わりキッシュ |
| 92 | 麩（ふ） |
| | 麩の卵いため |
| | 麩とトマトのスープ |
| | いかと車麩（くるまぶ）のいため煮 |

## 3. 買物は、まとめ買い

買物に行くと、ついむだなものまで買いがち。買うものをメモしてから、まとめて買いましょう。1週間分のまとめ買いにかかる時間が60分だとしても、1日にすると、およそ10分。家計はもちろん、時間の節約にもなります。

## 先生のかんたんレシピ

| | |
|---|---|
| 19 | 残りのカレーでレタスチャーハン |
| 22 | かぶの葉ジェノベーゼソース |
| 27 | マヨネーズ抜きのポテトサラダ |
| 33 | 白身魚のマヨネーズソース焼き |
| 41 | ねぎの香りマリネ |
| 45 | かぼちゃのおやつ |
| 47 | 皮でアップルティー |
| 71 | 残った肉じゃがの煮汁で<br>切り干しだいこんの煮もの |

## 料理の小ワザ

| | |
|---|---|
| 10 | キャベツの外葉利用法 |
| 23 | 鍋ものの残り汁でもう一品 |
| 27 | じゃがいもの皮で茶しぶをとるワザ |
| 31 | 湯を効率よくわかす方法 |
| 37 | なすをヘルシーにいためる方法 |
| 58 | 魚の骨でおいしいだしをとる |
| 62 | パンを蒸しておいしく |
| 65 | 梅干しの種で梅じょうゆ |
| 67 | ナンプラーの活用法 |
| 73 | 光熱費削減のパスタのゆで方 |

| | |
|---|---|
| 02 | 材料を使いきるには |
| 94 | さくいん |
| ふろく | 1週間を乗りきる！買物チェックリスト |

### この本のきまり

○**計量の単位**
カップ1＝200ml　大さじ1＝15ml　小さじ1＝5ml
米用カップ1＝180ml（mlはccと同じ）

○**電子レンジ**
加熱時間は500Wのめやす時間です。600Wなら、加熱時間は0.8倍にしてください。

○**だし**
かつおだしをさします。市販のだしの素を使うときは、表示どおりに使います。

○**スープの素**
「固形スープの素」「スープの素」「中華スープの素」の表記があります。固形スープの素とスープの素は、ビーフ、チキンなど、お好みで。中華スープの素はチキンスープの素で代用できます。

○**マークについて**

 **日もち**…保存容器や保存袋に入れて密閉し、冷蔵庫で保存したときの、保存期間のめやすです。

 **冷凍**…冷凍用の保存袋、冷凍に使える密閉容器などに入れて冷凍できます。1か月をめやすに食べきります。

 **お弁当**…お弁当にも使えるおかずです。

 **子ども**…子どもにも食べやすい味のおかずです。

## 4. 皮まで食べよう

野菜の皮、葉、煮ものの汁、魚のあらなど、今まで捨てていたものでも、くふうしだいで、まだまだおいしく食べられます。料理のバリエーションを広げて、むだなく丸ごと食べきれば、ごみも減らせます。

# 冷蔵庫すっきり
# 野菜使いきりレシピ

忙しい日が続いて、買った野菜が使いきれない。
野菜の皮やへたの部分は食べられない。
だから、ごみ箱へポイ。
ちょっと待って！ 捨ててしまってはもったいない！
野菜はちょっとしたコツで、余すところなく丸ごと食べきれます。
体によくて、気持ちもすっきり、
使いきり野菜生活を始めてみませんか。

あ〜、野菜がダメになっちゃう。
その前に…

買ってきたら下ごしらえして、
きちんと保存

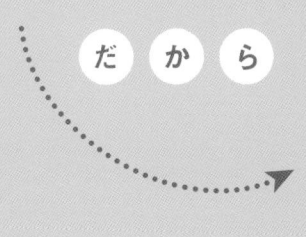

だ か ら

葉も使って、
料理を作りましょう

いろいろな料理に変身！
ぺろっと野菜が食べきれます

# たっぷり使える野菜料理　ベスト4

**1.** キャベツのスープ煮 ……… P.9
芯もおいしく食べられます

**2.** はくさい鍋 ……… P.21
はくさいと肉だけのシンプルイズベスト

**3.** レタスのトマトソース煮 ……… P.17
くったりレタスなら、ぺろっといけます

**4.** たたききゅうりのおかかあえ ……… P.34
たっぷり使えて、手早く作れます

# キャベツ

キャベツは使いきれない野菜No.1。
まとめて塩もみしておき、あえものやつけ合わせにしましょう。
また、煮てかさを減らすと、たっぷり食べられます（銀座教室　中村富美子）

### 先生の使いきりpoint

丸ごと1個なら、切るより外の葉からはがしていくほうがもちます。ポリ袋かラップで包んで野菜室に入れて保存します。芯の切り口が茶色くなると、そこからいたむのでとり除きましょう。

## 塩もみして （2〜3日日もち）

**キャベツ300g**は3㎝角に切り、**たまねぎ1/2個**（100g）の薄切り、**にんじん30g**の細切りとともに、**塩小さじ1/2**をふってもみます。10〜15分おいて水気をしぼります。キャベツだけなら**430g**使います。（できあがり量**約400g**）

うま味をプラスして
**キャベツのおかかあえ**

パスタをゆでるだけ
**キャベツとスモークサーモンのパスタサラダ**

# たっぷり使えるキャベツ料理

**200g**を使用

キャベツと**油揚げの煮もの**

**150g**を使用

たっぷりキャベツの**メンチカツ**

## 最後は、芯ごと\どーん/と食べる

キャベツの**スープ煮**

### キャベツの おかかあえ

あっという間にできます

お弁当　子ども　5min 調理時間

**材料（2人分）**
キャベツの塩もみ
　— 1/3量（100g）
けずりかつお — 2g
しょうゆ — 小さじ1/2

**作り方**　●1人分 23kcal
**1** キャベツの塩もみに、けずりかつおとしょうゆを混ぜます。

---

### キャベツと スモークサーモンの パスタサラダ

キャベツの塩もみを、
ドレッシングでしっかり味つけして、
ボリュームのあるサラダに変身

お弁当　子ども　10min 調理時間

**材料（2人分）**
キャベツの塩もみ
　— 1/3量（100g）
A［ 酢 — 大さじ1
　　粒マスタード — 小さじ1/2
　　塩・こしょう・砂糖 — 各少々 ］
サラダ油 — 大さじ1
（あれば）ケイパー — 小さじ1/2
スモークサーモン — 2切れ
細めのスパゲティ — 80g
塩・こしょう — 各少々
レモン汁 — 少々

**作り方**　●1人分 190kcal
**1** スパゲティを半分に折って、表示の時間より少し長めにゆでます。
**2** Aは合わせます。油を少しずつ加えながら混ぜます。ケイパーとキャベツの塩もみを加えて、合わせます。
**3** スモークサーモンはひと口大に切ります。
**4** スパゲティがゆであがったら水にとって、冷やし、水気をきります。
**5** 2に3、4を加えてあえ、塩、こしょう、レモン汁で味をととのえます。

---

### キャベツと 油揚げの煮もの

手早く作れて、作りおきできる、
定番のおそうざい

3日 日もち　子ども　15min 調理時間

**材料（2人分）**
キャベツ — 200g
油揚げ — 1枚（25g）
しその葉* — 3枚
A［ だし — カップ1/2
　　酒 — 大さじ1
　　しょうゆ — 大さじ1
　　みりん — 小さじ1 ］

**作り方**　●1人分 85kcal
**1** キャベツは芯を除き、1〜2cm角のざく切りにします。しそは半分に切ってから細切りにします。
**2** 油揚げは熱湯をかけて油抜きをし、縦に2等分してから1cm幅に切ります。
**3** 鍋にAを合わせて油揚げを2分ほど煮ます。キャベツを加えてふたをし、時々混ぜながら3〜4分、しんなりするまで煮ます。食べる直前にしそを混ぜて盛ります。

*しそはなくても作れます。また最後に卵を落として半熟にしてもおいしい

---

**料理の小ワザ**

キャベツの外葉は捨てずに、お好み焼きやぎょうざの具に使います。キャベツのせん切りが残ったときは、おやつのお好み焼きに。フライに使った小麦粉や卵、天ぷら衣が残っていれば、これも合わせてさっと作れます

（梅田教室　山内真美）

### たっぷりキャベツの
### メンチカツ

肉よりもキャベツが多く入ります。
低温の油でじっくり火を通して、
とってもジューシー

**材料（2人分）**
合びき肉 — 120g
キャベツ — 150g
　塩 — 小さじ1/6
A［とき卵 — 1/2個分
　パン粉 — 10g
　塩 — 小さじ1/8
　ナツメグ — 少々
　こしょう — 少々
　水 — 大さじ1/2］
衣［小麦粉 — 大さじ1
　とき卵 — 1/2個分
　パン粉 — 20g］
揚げ油 — 適量

**作り方**　●1人分 522kcal

**1** キャベツは、細切りにして塩をふり、約5分おきます。
**2** ボールに合びき肉とAを合わせ、キャベツの水気を軽くしぼって加えます。ねばりがでるまでよく練り混ぜ、4等分します。
**3** 2を小判形に形作り、小麦粉、とき卵、パン粉の順に衣をつけます。
**4** 揚げ油を低温（150℃）に熱し、3を4〜5分かけてじっくり揚げます。中温（160〜170℃）にし、上下を返しながら、さらに2〜3分色よく揚げます。ソース（材料外）を添えます。

### キャベツの
### スープ煮

キャベツは、長めにくったり煮ると、
甘味がぐっと出ます

**材料（2人分）**
キャベツ — 1/4個（300g）
セロリ — 1/2本（50g）
たまねぎ — 1/4個（50g）
ベーコン — 2枚
サラダ油 — 小さじ1
A［水 — カップ2
　固形スープの素 — 1個
　ローリエ — 1枚
　塩 — 少々］
黒こしょう — 少々

**作り方**　●1人分 151kcal

**1** キャベツは芯がついた状態のまま、2つのくし形に切ります。
**2** セロリは筋をとり、2cm幅、4〜5cm長さに切ります。
**3** たまねぎは薄切り、ベーコンは1cm幅に切ります。
**4** 鍋に油とベーコンを入れて、いためます。たまねぎを加え、しんなりするまで1〜2分いためます。
**5** A、キャベツ、セロリを加え、沸とうしたら弱火にして、キャベツがやわらかくなるまで15分ほど煮ます。仕上げにこしょうをふります。

# だいこん

旬のだいこんは丸々太っておいしいけれど、使いきれずに困ってしまうこともあります。残りそうなときは、塩もみにしましょう。これをマヨネーズや梅肉であえる、生野菜と合わせてサラダにするなどで、1品がすぐできるので、忙しい日に大助かり（京都教室　三滝隆香）

### 先生の使いきりpoint

買ってきたら冷蔵庫に入れる前に、葉を切り落とします。そのままにしておくと、葉に栄養がいってスカスカになります。葉はさっとゆでておけば、菜めしやいためもの、卵焼きに使えます。

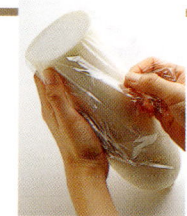

使いかけは、ラップで包みます

## 塩もみして　3日日もち

だいこん1/3本（300g）を、拍子木切りや、いちょう切りにし、塩小さじ1/4でもみます。5分ほどおいて、水気をしぼります。（できあがり量約300g）

めんたいこであえる
**だいこんのめんたいあえ**

マヨネーズであえる
**だいこんのマヨネーズサラダ**

# たっぷり使えるだいこん料理

**250gを使用**

だいこんとにんじんのみそ煮

**300gを使用**

だいこんのトマトシチュー

# 残りそうなときは、すりおろして

みぞれ汁

待って！
捨てないで！！

皮を使って
だいこんの皮のきんぴら

### だいこんの
### めんたいあえ

レモン汁を入れると、さっぱりして、めんたいこの塩気がやわらぎます

**材料（2人分）**
だいこん*の塩もみ — 150g
めんたいこ — 1/4腹（20g）
レモン汁 — 小さじ1/2
サラダ油 — 小さじ1/2
*3cm長さのたんざく切りにしたもの

**作り方** ●1人分 35kcal
**1** めんたいこは薄皮をとり、飾り用に小さじ1/2をとりおきます。残りをレモン汁、油とよく混ぜます。
**2** だいこんの塩もみを加えてあえ、器に盛ります。めんたいこをのせます。

5min
調理時間

### だいこんの
### マヨネーズサラダ

スモークサーモンの代わりに、家にあるハムやほたて缶詰でも

子ども

10min
調理時間

**材料（2人分）**
だいこん*の塩もみ — 300g
スモークサーモン — 30g
A ［ マヨネーズ — 大さじ1 1/2
　　レモン汁 — 小さじ1
　　塩・こしょう — 各少々 ］
サラダ菜、だいこんの葉など適量
*4cm長さ、5mm角に切ったもの

**作り方** ●1人分 108kcal
**1** スモークサーモンは1cm幅に切ります。
**2** Aを合わせ、だいこんの塩もみと1をあえます。サラダ菜など（写真は、赤だいこんの薄切り）を皿に敷いて盛りつけます。だいこんの葉を飾ります。

### だいことと
### にんじんのみそ煮

体が温まる、こってりみそ味。ばら肉の脂で、野菜をいためます

3日
日もち

お弁当

30min
調理時間

**材料（2人分）**
だいこん — 250g
にんじん — 1/2本（100g）
豚ばら肉（薄切り） — 150g
玉こんにゃく（アク抜きずみ）
　— 150g
A ［ だし — カップ1 1/2
　　酒 — 大さじ1
　　砂糖 — 小さじ1 ］
B ［ みそ — 大さじ1 1/2
　　しょうゆ — 小さじ1 ］

**作り方** ●1人分 359kcal
**1** だいこんは皮をむき、3cm大の乱切りにします。にんじんは、だいこんより少し小さめの乱切りにします。豚肉は6〜7cm長さに切ります。
**2** 鍋に豚肉を入れ、弱めの中火で軽くいためます。だいこん、にんじんを加えて中火にし、肉の脂が出てきたら、大きく混ぜて1〜2分いためます。こんにゃくとAを加え、落としぶたとふたをして、だいこんに竹串が通るまで中火で約20分煮ます。だいこんがまだかたいときは、水を加えてさらに煮ます。
**3** Bを加え、2分ほど煮ます。ふたをとり、混ぜながら1〜2分煮つめます。

## だいこんの トマトシチュー

和風だけではありません。
洋風料理に使ってもおいしい

### 材料（4人分）
だいこん — 300g
たまねぎ — 1個（200g）
にんじん — 1/2本（100g）
ベーコン — 2枚
にんにく — 1片（10g）
バター — 20g
A ┌ 水 — カップ2
　│ 固形スープの素 — 1個
　└ トマト水煮缶詰 — 1缶（400g）
塩 — 小さじ1/8
こしょう — 少々
パセリ — 1枝

### 作り方　●1人分 140kcal

**1** だいこん、にんじんはひと口大の乱切り、たまねぎは2〜3cm幅のくし形に切ります。
**2** ベーコンは2〜3cm幅に切ります。にんにくはみじん切りにします。
**3** 厚手の鍋にバターを溶かし、弱火でにんにくをいためます。香りが出てきたらベーコン、野菜を加え、いためます。油が全体にまわったら、Aを加えてトマトの実をへらでつぶします。沸とうしたら、ふたをして弱火で約30分煮ます。
**4** だいこんがやわらかくなったら、塩、こしょうで味をととのえます。パセリの葉をちぎってのせます。

## みぞれ汁

だいこんおろしがたっぷり入るので、
体にやさしい。葉も使います

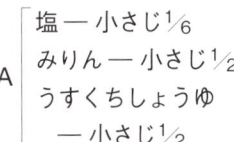

### 材料（2人分）
だいこん — 200g
だいこんの葉 — 少々
生麩（梅形） — 25g
だし — カップ1 1/2
A ┌ 塩 — 小さじ1/6
　│ みりん — 小さじ1/2
　│ うすくちしょうゆ
　└ 　— 小さじ1/2
〔水どきかたくり粉〕
　かたくり粉 — 小さじ1
　水 — 小さじ2
ゆずの皮 — 少々

### 作り方　●1人分 61kcal

**1** だいこんの葉はさっとゆで、細かくきざみます。だいこんはすりおろし、ざるにとって自然に水気をきります。生麩は5mm厚さに切ります。ゆずの皮はせん切りにします。水どきかたくり粉は合わせます。
**2** だしを温め、生麩、だいこんおろし、Aを加えます。ひと煮立ちしたら水どきかたくり粉でとろみをつけます。器に盛り、だいこんの葉、ゆずの皮をのせます。

## だいこんの 皮のきんぴら

厚めにむいた皮で作ります

### 材料（2人分）
だいこんの皮 — 150g
サラダ油 — 大さじ1/2
赤とうがらし（小口切り）
　— 小1/2本
A ┌ 酒 — 大さじ1
　│ しょうゆ — 大さじ1
　└ みりん — 大さじ1/2
いりごま（白） — 大さじ1
ごま油 — 小さじ1/2

### 作り方　●1人分 85kcal

**1** 皮をマッチ棒状に切ります。
**2** サラダ油を温め、赤とうがらしと、だいこんの皮をいためます。しんなりしてきたら、Aを加え、汁気がなくなるまでいため煮にします。
**3** 最後にいりごまとごま油を混ぜます。

# レタス

レタスはサラダばかりでなく、焼き肉などのときに、レタスで包んで食べるようにすると、すぐなくなります。また、煮たり、いためたりしてメインのおかずにもなるので、レパートリーを広げて、むだなくしっかり食べきりましょう(札幌教室　清水よふ子)

### 先生の使いきりpoint

葉が折れたり破れたりすると、そこからいたむので、葉をはずして、ラップで包むかポリ袋に入れます。芯からいたむので、芯をくり抜いて保存します。

## 塩もみして　3日日もち

レタス1/3個（約100g）は2〜3cm角にざく切りにします。ラディッシュ3個は薄切りにします。塩小さじ1/6をふって、約10分おきます。（できあがり量約180g）

ゆずこしょうであえて
### レタスのゆずこしょうあえ

½個を使用

レタスの梅ドレッシング

レタスととり肉のいためもの

丸ごと1個を使用

レタスのトマトソース煮

待って！捨てないで！！

外葉や残りのレタスを使って
レタスとザーサイのスープ

### レタスの
### ゆずこしょうあえ

ゆずこしょうをぴりっと
きかせて、大人の味です

5min
調理時間

**材料（2人分）**
レタスとラディッシュの
　塩もみ ― 全量（180g）
A ┌ 酢 ― 小さじ2
　├ しょうゆ ― 少々
　└ ゆずこしょう ― 少々

**作り方** ●1人分 12kcal
**1** Aは合わせます。
**2** レタスの塩もみの水気をき
り、Aであえます。

### レタスの
### 梅ドレッシング

かさを減らして、食べやすく。
塩もみしたレタスなら、
そのまま使えます

10min
調理時間

**材料（2人分）**
レタス ― 1/2個（150g）
みつば ― 1/4束（15g）
梅干し ― 1個（20g）
A ┌ 酢 ― 大さじ1
　├ しょうゆ ― 小さじ1/4
　└ ごま油 ― 大さじ1/2

**作り方** ●1人分 41kcal
**1** レタスはひと口大にちぎります。みつばは葉をつみとり、茎は3cm長さに切ります。
**2** ざるにレタス、みつばの茎を広げ、熱湯を回しかけます。すぐ冷水にとり、しっかりと水気をきります。
**3** 梅干しは種をとり、果肉を包丁でたたきます。ボールにAを合わせ、果肉を加えて混ぜます。
**4** 3で2、みつばの葉をあえます。

### レタスと
### とり肉のいためもの

いためものなら、生で食べるより
ずっとたっぷり使えます。
レタスを加えたら、手早く仕上げて

子ども

15min
調理時間

**材料（2人分）**
レタス ― 1/2個（150g）
とりもも肉 ― 200g
A ┌ 酒 ― 大さじ1/2
　└ 塩 ― 少々
かたくり粉 ― 大さじ1
B ┌ しょうゆ ― 小さじ2
　└ みりん ― 大さじ1
しょうが ― 小1かけ（5g）
サラダ油 ― 大さじ1/2

**作り方** ●1人分 277kcal
**1** レタスは適当な大きさにちぎります。しょうがは細切りにします。
**2** 肉はひと口大のそぎ切りにし、Aで下味をつけます。Bは合わせます。
**3** 肉にかたくり粉をまぶします。フライパンに油を温め、肉の両面に焼き色がついて、パリッとするまで焼きます。
**4** Bとしょうがを加えて肉にからめます。つやが出てきたらレタスを加えて、汁を全体になじませる程度に20～30秒いためます。

## レタスの トマトソース煮

意外なほどレタスの食感が残ります

 2日日もち
 子ども
30min 調理時間

### 材料（2人分）
レタス — 1個（300g）
にんにく — 1/2片（5g）
ベーコン（厚切り）— 60g
A ┌ トマト水煮缶詰 — 1/2缶（200g）
　│ 白ワイン — カップ1/4
　└ 固形スープの素 — 1/2個
オリーブ油 — 大さじ1/2
こしょう — 少々

### 作り方　●1人分 197kcal

**1** レタスは縦4つ割りにします。にんにくは薄切りに、ベーコンは1cm幅に切ります。トマトの実は、軽くつぶします。

**2** 鍋にオリーブ油とにんにくを入れ、弱火にかけます。香りが出てきたら、ベーコンを加えて1～2分、弱めの中火でいためます。

**3** レタスとAを加え、ふたをして約10分煮ます。ふたをとり、さらに約10分、汁気がほぼなくなるまで煮つめます。こしょうで味をととのえ、火を止めます。

## レタスと ザーサイのスープ

外葉はスープに。
レタスを入れたら、すぐ食べます

10min 調理時間

### 材料（2人分）
レタス — 1/3個（100g）
ザーサイ（味つき）— 20g
にんにく — 1片（10g）
サラダ油 — 大さじ1
水 — カップ2 1/2
固形スープの素 — 1個
黒こしょう — 少々

### 作り方　●1人分 80kcal

**1** レタスはひと口大にちぎります。

**2** にんにくは薄切りに、ザーサイは2cm長さに切ります。

**3** 鍋に油とにんにくを入れ、弱火でいためます。薄茶色になったら、水とスープの素、ザーサイを加えて強火にします。沸とうしたらレタスを加え、こしょうを多めにふって（多めにするとおいしい）火を止めます。

### 先生のかんたんrecipe

**残りのカレーでレタスチャーハン**

少し残ったカレーの鍋を火にかけて、**冷やごはん2～3ぜん分**を入れます。**レタスの外葉2～3枚**をちぎって加えます。**カレー**が混ざったら、**塩、こしょう**をふります（池袋教室　水津由美）

# はくさい

葉がしっかり巻いてあって、どっしりしたものがおいしい。
外側は汁の実やいためものに、内側の葉は鍋ものや漬けものにと
使い分けると、おいしく食べられます（渋谷教室　三笠かく子）

先生の **使いきり point**

丸ごとなら、新聞紙に包んで室温に、カット売りのものはラップにくるみ、根元を下にして立てて野菜室に入れます。鮮度が落ちてくると、中心がふくらんできます。

## 塩もみして  3日 日もち

はくさい300gは軸と葉に分けます。軸は5㎝長さの細切り、葉は5㎝長さのざく切りにします。塩小さじ2/3をふって重し（皿4～5枚）をのせて、約20分おきます。（できあがり量約300g）

**甘酢につけて かんたん辣白菜（ラーパーツァイ）**

150gを使用

はくさいとのりのごま風味あえ

はくさいのイタリアンサラダ

## たっぷり使える はくさい料理

1/3株を使用

はくさい鍋

## かんたん辣白菜 (ラーパーツァイ)

ピリッとしていておいしい、中国風即席漬け

 3日 日もち　 お弁当　 5min 調理時間

**材料（4人分）**
はくさいの塩もみ ― 全量（約300g）
しょうが ― 1かけ（10g）
糸とうがらし ― 少々
（または小口切りにした
　赤とうがらし ― 1本）
A ┌ 砂糖 ― 大さじ2
　├ 酢 ― 大さじ4
　└ ごま油 ― 小さじ2

**作り方**　●1人分 42kcal

1 しょうがはせん切りにします。
2 Aを合わせて、しょうがと糸とうがらしを加えます。
3 はくさいの塩もみの水気をしぼって、2に入れて混ぜます。味をなじませます。

## はくさいとのりのごま風味あえ

ゆでると、かさがぐっと減ります

 お弁当　 子ども　 15min 調理時間

**材料（2人分）**
はくさい ― 150g
焼きのり ― 1/4枚
みつば ― 6〜7本（7g）
A ┌ 塩 ― 小さじ1/4
　├ しょうゆ ― 小さじ1/4
　├ こしょう ― 少々
　└ ごま油 ― 小さじ1/2

**作り方**　●1人分 21kcal

1 はくさいは葉と軸に分けます。葉は縦半分に切り、1cm幅に切ります。軸も葉と同じくらいの大きさに切ります。みつばも葉と茎に分け、葉はざく切りにし、茎は3cm長さに切ります。
2 たっぷりの湯をわかし、はくさいの軸、葉、みつばの茎の順に加えて1〜2分ゆで、ざるにあげ、さまします。水気をしぼります。
3 のりは5〜6cm長さ、5mm幅に切ります。
4 Aを合わせ、2をあえます。食べる直前に、みつばの葉、のりを加えてあえます。

### かぶの葉ジェノベーゼソース

**かぶ**（または**だいこん**）**の葉50g**をゆで、水気をしぼってざく切りにします。**にんにくのみじん切り10g**、**松の実15g**、**塩小さじ1/6**をクッキングカッターにかけます。細かくなったら、**オリーブ油大さじ2**を少しずつ加え、最後に**粉チーズ大さじ1**を加えてなめらかにします。パスタやピザ、ゆでたじゃがいもとあえて食べます。（吉祥寺教室　桜井弥生）

## はくさいの イタリアンサラダ

新鮮なうちは、
生で食べてもおいしい

**材料（2人分）**
はくさい — 150g
生ハム — 4枚（30g）
黒オリーブ（種なし）— 2個
〔ドレッシング〕
白ワインビネガー* — 大さじ1
粒マスタード — 小さじ1
塩・こしょう — 各少々
オリーブ油 — 大さじ1
*酢で代用できます。

**作り方** ●1人分 121kcal

1 はくさいは葉と軸に分けます。葉はひと口大に切り、軸は4〜5cm長さの細切りにします。
2 生ハムは2〜3cm長さに切ります。オリーブは薄切りにします。
3 ドレッシングの材料を合わせ、**1**、**2**をあえます。

## はくさい鍋

加えるのは酒だけ。水を入れずに、はくさいのうま味を引き出します。弱めの火でじっくり煮ましょう

**材料（4人分）**
はくさい — 800g
豚ばら肉（薄切り）— 300g
万能ねぎ — 5本
酒 — カップ¼
ぽん酢しょうゆ — 大さじ4

**作り方** ●1人分 329kcal

1 はくさいは4cm長さに切ります。万能ねぎは2cm長さの斜め切りにします。
2 豚肉は5cm長さに切ります。
3 鍋にはくさいを縦に並べ、間に肉をはさみます。酒をふりかけ、ふたをして、弱火〜中火*でやわらかくなるまで20〜30分煮ます。仕上げに万能ねぎを散らし、ぽん酢しょうゆにつけながら食べます。

*はくさいの水分が出てきたら、強火にしてもOK

### 料理の小ワザ

鍋ものの残り汁には、うま味がいっぱいだから、最後まで残さず食べたいもの。この汁を使って、翌日にカレーやシチューを作れば、スープの素いらずでおいしい（渋谷教室　伊東さゆり）

# じゃがいも

保存がきくじゃがいもは、忙しい人の強い味方です。
それでも、きちんと保存しないと芽が出てきて、皮がしわしわになります。
新鮮なうちに使いきりましょう（大宮教室　小西幸枝）

### 先生の 使いきり point

じゃがいもは使う分を事前に洗っておくと、らくです。また、お弁当作りで少量使うときや、時間のないときは電子レンジ加熱が便利。1個（150g）につき約4分加熱し、途中上下を返します。

ちょっとだけなら、芽が出てきたり、青っぽくなっていたりしても捨てないで。芽をしっかり除き、皮を厚くむいて青いところを除きます

**2個** を使用

じゃがいもの
**焼きコロッケ**

じゃがいもの
**カマンベール風味**

1個を使用

じゃがいもと
**アスパラガスのバター煮**

じゃがいもの
**きんぴら**

じゃがいもで
ボリュームアップ

**じゃがいもとにらのチヂミ**

## じゃがいもの焼きコロッケ

材料はコロッケと同じ。
衣なしで揚げません

お弁当　子ども　30min 調理時間

**材料（2人分）**
じゃがいも — 2個（300g）
豚ひき肉 — 80g
たまねぎ — 1/4個（50g）
サラダ油 — 小さじ1
塩 — 小さじ1/3
こしょう — 少々
バター — 20g
レタス — 2枚

**作り方**　●1人分 297kcal

**1** じゃがいもは皮をむいて4つ割りにし、水にさらします。鍋に入れ、かぶるくらいの水でゆでます（約10分）。やわらかくなったら湯を捨て、火にかけて水分をとばします。熱いうちにつぶします。

**2** たまねぎは薄切りにして、長さを半分に切ります。フライパンに油を温め、ひき肉をほぐしながらいためます。肉の色が変わったら、たまねぎを加えて1〜2分いためます。

**3** いもに**2**、塩、こしょうを混ぜます。6等分にして、手で平たくまとめます。

**4** フライパンにバターを溶かし、中火で、**3**の両面を色よく焼きます。器に盛り、レタスを細く切って添えます。

## じゃがいものカマンベール風味

じゃがいもが熱いうちに
チーズとあえます。
とろっと溶けたところがおいしい

お弁当　子ども　15min 調理時間

**材料（2人分）**
じゃがいも — 2個（300g）
塩 — 小さじ1/6
たまねぎ — 1/4個（50g）
カマンベールチーズ — 100g
プレーンヨーグルト — 大さじ2
黒こしょう — 少々

**作り方**　●1人分 276kcal

**1** じゃがいもは皮をむいて8つ割りにし、水にさらして、水気をきります。たまねぎは薄切りにします。

**2** 鍋にじゃがいもを入れ、かぶるくらいの水、塩を加えてゆでます（約10分）。たまねぎを加えて約1分ゆで、ざるにとって水気をきります。

**3** チーズはひと口大に切り、ヨーグルトと一緒にボールに合わせます。

**4** **3**に**2**を加え、フォークなどでいもをつぶしながら全体をざっと混ぜます。器に盛り、黒こしょうをふります。

## じゃがいもとアスパラガスのバター煮

バターのコクとほっくりした
味わいが人気のおかずです

子ども　15min 調理時間

**材料（2人分）**
じゃがいも — 1個（150g）
グリーンアスパラガス
　— 5本（100g）
A ┃ バター — 10g
　┃ スープの素 — 小さじ1/4
　┃ 塩 — 小さじ1/8
　┃ 水 — カップ1/2
こしょう — 少々

**作り方**　●1人分 99kcal

**1** じゃがいもは皮をむいて8つ割りにし、水にさらします。鍋に入れ、かぶるくらいの水でかためにゆでます（約7分）。湯を捨て、火にかけて水分をとばします。

**2** アスパラガスは根元を落とし、根元のかたい皮をむきます。3〜4cm長さに切ります。

**3** 鍋にAとじゃがいもを入れてふたをし、中火で2〜3分煮ます。アスパラガスを加え1〜2分ふたをとって煮て、こしょうをふります。

## じゃがいもの きんぴら

家にあるものだけで
ジャッといためて作れます

### 材料（2人分）
じゃがいも — 1個（150g）
にんじん — 1/2本（100g）
赤とうがらし — 1/2本
ごま油 — 大さじ1
A［砂糖 — 大さじ1/2
　みりん — 大さじ1
　しょうゆ — 大さじ1］

### 作り方　●1人分 158kcal
1 にんじんは4cm長さ、3mm角の棒状に切ります。
2 じゃがいもは、にんじんよりやや大きめの棒状に切り、水に放してざるにあげ、よく水気をきります。
3 赤とうがらしは種をとって小口切りにします。
4 フライパンにごま油を温め、1、2、3をいためます。しんなりしたらAを加え、汁気がなくなるまで中火でいためます。

---

**料理の小ワザ**

じゃがいもの皮を湯のみや急須に入れて、水をたっぷりそそぎ、ひと晩おくと、茶しぶがとれます（吉祥寺教室　森下裕美子）

---

## じゃがいもと にらのチヂミ

最後に加えるごま油で、
パリッと香ばしくなります

### 材料（2人分）
じゃがいも — 1/2個（75g）
にら — 1/2束（50g）
卵 — 1個
A［小麦粉 — 大さじ3
　水 — 大さじ2
　塩 — 小さじ1/8］
サラダ油 — 大さじ1/2
ごま油 — 小さじ1
（好みで）〔つけだれ〕
しょうゆ・酢・ラー油
　— 各適量を合わせたもの

### 作り方　●1人分 152kcal
1 にらは3cm長さに、じゃがいもは3cm長さ、2〜3mm幅の薄切りにします。
2 卵をとき、Aを加えて混ぜます。1を入れて混ぜます。
3 フライパンにサラダ油を温め、2を流し入れます。表面を平らにならし、中火で約2分焼きます。薄く焼き色がついたら裏返し、形を整えてさらに2分ほど焼き、仕上げにごま油を回し入れて香りをつけます。食べやすく切り、たれを添えます。

---

### マヨネーズ抜きの ポテトサラダ

**じゃがいも大2個**をゆでてつぶし、**ワインビネガー大さじ2**（酢なら大さじ1 1/2）、**はちみつ小さじ1**、**塩小さじ1/3**、**こしょう少々**を混ぜます。**きゅうり1本**は小口切りにして、**塩少々**をふってしぼります。**ゆで卵1個**はみじん切りにします。全部を混ぜます（渋谷教室　宗像陽子）

# にんじん

にんじんは、まとめて買うことが多いため残ってしまいがち。
油脂と調理すると味も栄養もアップするので、さっといためる、
肉と一緒に煮るなどして、おいしく食べきりましょう（仙台教室　吉川久美子）

### 先生の使いきりpoint

使うついでに残りをせん切りや乱切りにして、保存容器に入れておくと、料理の彩りにさっと使えます。皮はきれいなら、そのまま使えます。

使うときは先の方から使用し、残ったら、水気をふいてラップで包みます

**1本を使用**

にんじんの
**ポタージュ**

にんじんの
**ナムル**

にんじんと
**生揚げの煮もの**

にんじん
**パスタ**

1/2本を使用

にんじんと
**さつまいものはちみつ風味**

29

## にんじんのポタージュ

にんじんのやさしい甘味

**材料（2人分）**
にんじん ― 1本（200g）
たまねぎ ― 1/4個（50g）
バター ― 10g
A ┌ 水 ― 250ml
  │ 固形スープの素 ― 1個
  └ 米 ― 大さじ1
牛乳 ― 250ml
塩・こしょう ― 各少々
（あれば）クラッカー ― 1枚

**作り方** ●1人分 197kcal

**1** にんじんは5mm厚さの輪切りにします。たまねぎは薄切りにします。
**2** 厚手の鍋にバターを溶かし、たまねぎをいためます。たまねぎがしんなりしたら、にんじんを加え、全体をなじませます。
**3** 2にA（米は洗わない）を加えます。ふたをして、にんじんがやわらかくなるまで、弱火で15分ほど煮ます。あら熱をとります。
**4** 3をミキサーに入れ、30秒ほど回してなめらかにします。鍋にもどし入れ、牛乳を加えて温め、塩、こしょうで味をととのえます。器に盛り、クラッカーを手でくだいて散らします。

## にんじんのナムル

せん切りが少し大変ですが、お弁当の彩りとして重宝します

**材料（4人分）**
にんじん ― 1本（200g）
A ┌ いりごま（白）― 小さじ2
  │ ねぎ ― 10cm
  │ ごま油 ― 大さじ1
  └ 塩 ― 小さじ1/2

**作り方** ●1人分 51kcal

**1** にんじんは5cm長さのせん切りにします。熱湯でさっとゆでて、よく水気をきります。
**2** ねぎはみじん切りにします。Aを合わせます。
**3** にんじんをAであえます。

## にんじんと生揚げの煮もの

豚肉を加えることで、ぐっとコクが出ます

**材料（2人分）**
にんじん ― 1/2本（100g）
生揚げ ― 1/2枚（100g）
豚ロース肉（薄切り）― 50g
さやいんげん ― 30g
A ┌ しょうゆ ― 大さじ1
  │ 酒 ― 大さじ1/2
  │ みりん ― 大さじ1/2
  └ だし ― カップ3/4

**作り方** ●1人分 172kcal

**1** にんじんは3cm長さの乱切りにします。
**2** 生揚げは熱湯をかけて油抜きし、4〜6等分に切ります。
**3** いんげんは4cm長さに切り、ラップにくるんで電子レンジで1分ほど加熱します。
**4** 肉は4cm長さに切ります。
**5** 鍋に、**1**、**2**、Aを入れて沸とうさせ、肉を加えます。ふたをして、時々アクをとりながら弱火で15〜20分煮ます。火を止める直前にいんげんを加えます。

## にんじんパスタ

25 min 調理時間

にんじんはパスタと一緒にゆであげます。アンチョビが大人っぽい味

### 材料（2人分）
フェトチーネ — 120g
湯2ℓ+塩 大さじ1
にんじん — 縦½本（100g）
アンチョビ — 2枚（10g）
にんにく — ½片（5g）
オリーブ油 — 大さじ2
（あれば）セルフィーユ — 少々

＊フェトチーネは、卵を練りこんだ幅広のパスタ

### 作り方　●1人分 377kcal

**1** にんじんは、皮むき器で縦に薄く、フェトチーネと同じくらいの太さにそぎます。にんにくはみじん切りにします。

**2** フライパンにオリーブ油、アンチョビ、にんにくを入れ、弱めの中火にかけます。にんにくが薄く色づき、香りが出たら火を止めます。木べらでアンチョビをつぶし、細かくします。

**3** 分量の湯をわかします。塩とフェトチーネを入れて、表示どおりにゆでます。ゆであがり1分前ににんじんを加えて一緒にゆでます。ゆで汁大さじ2を残して、水気をきります。

**4** 2のフライパンを弱火で温め、ゆで汁とフェトチーネ、にんじんを加えてあえます。器に盛り、セルフィーユをのせます。

## にんじんとさつまいものはちみつ風味

20 min 調理時間

レモンでさっぱりとした味。お弁当の箸休めにどうぞ

3日日もち　お弁当　子ども

### 材料（4人分）
にんじん — ½本（100g）
さつまいも — 300g
レーズン — 20g
水 — カップ½
A ┌ はちみつ — 大さじ3
　│ みりん — 大さじ1
　│ レモン汁 — 大さじ1
　└ 塩 — 少々

### 作り方　●1人分 152kcal

**1** さつまいもは皮を厚めにむき、2cm角に切ります。水につけ、水を1〜2回かえてアク抜きをします。

**2** にんじんは、さつまいもより小さい角切りにします。レーズンは熱湯をかけます。

**3** 鍋にさつまいも、にんじんを入れて水とAを加えます。ふたをして、さつまいもがやわらかくなるまで弱火で煮ます。

**4** ふたをとり、レーズンを加えて、さらに1〜2分煮て、火を止めます。

---

**料理の小ワザ**

湯をわかすときは、まず、熱伝導率のよいアルミなどの薄手の鍋でわかします。沸とうしたら、料理に合った鍋に移して使います　（町田教室　押金公美）

## たまねぎ

たまねぎは保存がきく常備野菜のひとつですが、ハンバーグやカレー用にいためておきましょう。
すぐ使えて、とても便利です
（大宮教室　栗田由美子）

### 先生の使いきりpoint

2～3個分をクッキングカッターでみじん切りにし、バター30gでいためます。さめたら小分けで冷凍。半量なら電子レンジで作っても。耐熱容器にたまねぎを入れ、バター10gをちぎって混ぜ、電子レンジでラップなしで約5分加熱します。途中で混ぜます。

冷暗所で保存、
夏は冷蔵庫に入れます

丸ごと**1個**を使用

## たまねぎとさくらえびのいためもの

たまねぎが主役のいためもの。
冷蔵庫に何もないときでも作れます

 お弁当　 子ども　 10min 調理時間

### 材料（2人分）

たまねぎ — 1個（200g）
さくらえび — 10g
さやえんどう — 10枚
サラダ油 — 大さじ1
塩 — 小さじ1/4
こしょう — 少々
しょうゆ — 小さじ1

### 作り方　●1人分 116kcal

**1** たまねぎは3cm角に切ります。さやえんどうは筋をとります。
**2** フライパンに油を温め、たまねぎ、さくらえびをいためます。
**3** たまねぎが透明になってきたら、さやえんどうを加えていためます。塩、こしょうをふって、しょうゆを鍋肌から回し入れ、火を止めます。

## 先生のかんたんrecipe

### 白身魚のマヨネーズソース焼き

**たまねぎ**はみじん切りにし、水にさらして水気をきります。たまねぎ、**ゆで卵**のみじん切りを**マヨネーズ**であえます。**白身魚の切り身**は**塩**、**こしょう**をふります。水気をふき、マヨネーズソースをのせてホイル焼きにします。残ったソースは、翌朝パンにのせてトーストにします（福岡教室　安部孝子）

## たまねぎと豚肉の串揚げ

衣はサクッ、中のたまねぎはしんなり甘い。
人気の居酒屋風おかずです

25min
調理時間

### 材料（2人分）

たまねぎ ― 1個（200g）
豚もも肉（薄切り）― 120g
塩・こしょう ― 各少々
揚げ油 ― 適量
衣 ┌ 小麦粉 ― 大さじ2
　├ 卵水〔卵1個+水大さじ1〕
　└ パン粉 ― 30g
キャベツ ― 150g
竹串 ― 6本

### 作り方　●1人分 595kcal

**1** たまねぎは縦半分に切ってから、繊維に直角に1cm厚さの半月切りを6枚とります。豚肉は6等分にして、塩、こしょうをふります。

**2** 竹串にたまねぎ、肉を刺します（肉は折りたたむようにします）。小麦粉、卵水、パン粉の順に衣をつけ、6本作ります。

**3** 深めのフライパンに、1cm深さまで油を入れ、中温（約170℃）に熱して3本ずつ揚げます。

**4** キャベツをせん切りにして、**3**と器に盛り、とんかつソース、練りがらし（各材料外）を添えます。

## きゅうり

イボがとがってピンピンしているものが新鮮です。
まとめ買いしやすい野菜ですが、
野菜室に入れておいても、すぐいたんでしまいます。
使いきれないときは、切ってしょうゆにつけておきます
（渋谷教室　関崎八重子）

**2本を使用**

### たたききゅうりのおかかあえ

たたくから、手早い。
暑い日に欠かせない夏の定番です

**材料（2人分）**

きゅうり — 2本
A ┌ しょうゆ — 小さじ1
　└ みりん — 小さじ1/2
けずりかつお — 3g

**作り方**　●1人分 25kcal

**1** きゅうりはポリ袋に入れて、すりこぎ（めん棒やびんでも）でたたいてから、約5cm長さ、縦に4等分に切ります。

**2** 1のポリ袋にAを合わせて、けずりかつおを加え、きゅうりを加えてあえます。

### 先生の 使いきりpoint

薄く切るよりも、ポリ袋に入れてたたくと手早く、一度にたくさん使えます。へたの部分は捨てずに薄切りにすれば、汁ものの彩りに使えます。

## きゅうりとささみのいためもの

食べ方は、生ばかりではありません。
食欲のないときでも、さっぱりつるりと食べられます

お弁当　子ども　15min 調理時間

**材料（2人分）**
きゅうり — 2本
しょうが（せん切り） — 1かけ（10g）
とりささみ（筋なし） — 大2本（120g）
A ［塩 — 少々　酒 — 小さじ1　かたくり粉 — 小さじ1
B ［中華スープの素 — 小さじ1
　　砂糖 — 小さじ1/2　塩 — 小さじ1/3
　　酒 — 大さじ1　水 — カップ1/4
サラダ油 — 大さじ1
C ［かたくり粉 — 小さじ1/2　水 — 小さじ1

**作り方**　●1人分 157kcal

1 ささみは7～8つに薄くそぎ切りにします。Aの塩、酒をふって、かたくり粉をつけます。
2 きゅうりは縦半分に切ってから、4～5mm厚さの斜め切りにします。
3 B、Cはそれぞれ合わせます。
4 フライパンに油を温め、強火でささみをいためます。色が変わったら、きゅうり、しょうがを加えていため、Bを加えます。煮立ったら、弱火で1分ほど煮て、Cでとろみをつけます。

## きゅうりの紫あえ

**1本を使用**

使いきれないきゅうりが1本残ったら、とりあえずこれ。しょうゆでかんたん

3日 日もち　5min 調理時間

**材料（4人分）**
きゅうり — 1本
なす — 1個
A ［しょうが汁 — 小さじ1
　　しょうゆ — 小さじ1

**作り方**　●1人分 9kcal

1 きゅうりは薄切りにします。なすは、縦半分にして薄切りにします。両方にしょうゆ少々（材料外）をかけます。
2 Aを合わせて、1を軽くしぼって加え、あえます。

## なす

皮がぴんとして、つやのあるもの、へたのとげが鋭いものが新鮮です。鮮度が落ちやすく、かたくなったり、しなびたりしやすいので、買ったら早めに使いましょう。暑いとき以外は、常温におきます（渋谷教室　森八重子）

**3個**を使用

### 先生の使いきりpoint

切ったものは、切り口からアクが出て変色してしまいます。使うときは1個丸ごとが基本。残ったときは、ついでに薄切りにして塩もみにしたり、みそ汁に入れたりします。

黒い粒が出たら、味が落ちているあかし。味の濃い料理に使います

## なすととり肉の煮もの

2日日もち　お弁当

なすたっぷり、ボリュームおかず

20min 調理時間

**材料（2人分）**
とりもも肉 — 1/2枚（100g）
A［塩 — 少々　しょうが汁・酒 — 各小さじ1/2
かたくり粉 — 小さじ1
なす — 3個（約200g）
オクラ — 4本　赤とうがらし — 1/2本
B［だし — カップ3/4　しょうゆ — 大さじ1
　　みりん — 小さじ2

**作り方**　●1人分 146kcal

**1** とり肉はひと口大に切り、Aをもみこみ、下味をつけます。

**2** なすはへたをとり、縦半分にして斜めに2等分します。水に5分ほどさらしてアクを抜き、水気をきります。

**3** オクラはガクの部分を薄くけずります。塩少々（材料外）でもみ、色よくゆで、斜め半分に切ります。

**4** 赤とうがらしは種をとり、小口切りにします。

**5** 鍋にB、なすを入れて中火にかけます。

**6** とり肉にかたくり粉をまぶし、**5**がひと煮立ちしたら、赤とうがらしと一緒に加えます。アクをとり、落としぶたをして、弱火で10分ほど煮ます。オクラと一緒に器に盛ります。

## なすの田舎煮

**3日 日もち**

濃い味つけだから、鮮度が落ちてしまったときに。
皮に細かい切り目を入れて、味の含みをよくします

### 材料（2人分）
なす — 3個（約200g）
A ┌ だし — カップ1
　├ みりん — 大さじ2
　└ しょうゆ — 大さじ2

**調理時間 15min**

### 作り方　●1人分 54kcal

**1** なすはへたを切り落とし、縦半分に切ります。斜めに3mm間隔くらいの切り目を入れ、大きければ斜め半分に切ります。水にさらし、水気をきります。
**2** 鍋にAを煮立て、なすを入れて落としぶたと鍋ぶたをし、なすがやわらかくなるまで中火で約10分煮ます。
**3** 火を止めて、そのままさめるまでおき、汁ごと盛ります。

---

**2個を使用**

## なすのレンジ蒸し中華風

暑くて料理をしたくない日は、
電子レンジでスピーディに作りましょう

### 材料（2人分）
なす — 2個（140g）
しょうが — 1かけ（10g）
A ┌ しょうゆ — 小さじ1
　├ 酢 — 小さじ1
　└ ごま油 — 小さじ1/2

**調理時間 5min**

### 作り方　●1人分 27kcal

**1** なすはへたを切り落とします。耐熱容器に並べてラップをし、電子レンジで約3分加熱します。
**2** しょうがをすりおろします。Aは混ぜます。
**3** なすのあら熱がとれたら、食べやすい大きさに切って、器に盛ります。しょうがをのせ、Aをかけて食べます。

> **料理の小ワザ**
> なすは、切ってから水につけて電子レンジで少し加熱してからいためると、油少なめでいためられるので、ヘルシーです。時間も短縮できます（吉祥寺教室　濱中恵子）

# ほうれんそう

葉がみずみずしいほうれんそうは、栄養たっぷり。けれども、時間を追うごとに鮮度も落ち、栄養も減っていきます。買った日に使いきるのがおすすめです（池袋教室　竹迫幸子）

## 先生の 使いきり point

ほうれんそうは、洗うのも、調理するときもかさばるので、買ったらすぐ、ゆでておくとらく。5cm長さくらいに切って保存しても。冷凍もできます。

## ほうれんそうと 牛肉のいためもの

ゆでてあるから、かさばらず、手際よく作れます

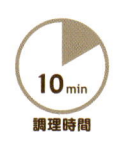

お弁当　　10min 調理時間

### 材料（2人分）
ゆでたほうれんそう — 160g
牛こま切れ肉（肩ロースなど）— 100g
塩・こしょう — 各少々　エリンギ — 4本（120g）
サラダ油 — 大さじ1　にんにく — 1片（10g）
A［ しょうゆ — 小さじ2　酒 — 小さじ2
塩・こしょう — 各少々

### 作り方　●1人分 266kcal

**1** エリンギは半分に切り、4つ割りにします。ほうれんそうは5cm長さに切り、にんにくは薄切りにします。肉に塩、こしょうをふります。Aを合わせます。
**2** フライパンに油、にんにくを入れて火にかけ、香りが出たら、肉、エリンギの順にいためます。
**3** エリンギがしんなりしたら、ほうれんそうを加えて軽くいためます。Aを加え、塩、こしょうで味をととのえます。

## ゆでて

ゆでておけば、スープもいためものも、あっという間に作れます

日もち 3日 / 冷凍

### ほうれんそうとシーフードのグラタン

ホワイトソースにする小麦粉は牛乳とよく混ぜておくのがコツ

調理時間 10min

**材料（2人分）**
- ゆでたほうれんそう — 100g
- シーフードミックス — 160g
- たまねぎ — 1/2個（100g）
- サラダ油 — 大さじ1/2　白ワイン — 大さじ2
- A［小麦粉 — 大さじ2　牛乳 — カップ1
  　スープの素 — 小さじ1/3］
- バター — 10g　塩 — 小さじ1/2
- スライスチーズ（溶けるタイプ）— 2枚

**作り方**　●1人分 347kcal

1 ほうれんそうは、約5cm長さに切り、たまねぎは薄切りにします。Aはよく混ぜます。
2 鍋に油を温め、たまねぎとシーフードミックスをいためます。ワインを加えてからAを入れ、ダマにならないように時々混ぜながら、とろみが出るまで煮ます。バターを加え、塩、こしょう少々（材料外）で味をととのえます。
3 ほうれんそうを加えてひと混ぜし、耐熱皿に移します。チーズをのせて、オーブントースターでチーズが溶けるまで焼きます。

### ほうれんそうと卵のスープ

野菜の汁ものがほしいときも、ゆでてあるからこその手軽さです

調理時間 5min

**材料（2人分）**
- ゆでたほうれんそう — 60g
- ロースハム — 2枚
- 卵 — 1個
- 水 — カップ2
- A［スープの素 — 小さじ1
  　酒 — 小さじ2］
- しょうゆ・こしょう — 各少々
- ごま油 — 少々

**作り方**　●1人分 94kcal

1 ほうれんそうは5cm長さ、ハムは5mm幅に切ります。卵はときほぐします。
2 鍋に水を入れて火にかけ、Aを加えます。
3 2が煮立ったら、卵を流し入れ、ほうれんそうを加えます。しょうゆとこしょうで味をととのえます。
4 器に盛って、ハムを散らし、ごま油を数滴落とします。

# ねぎ

白い部分よりも青い部分がいたみやすいので、買ったら先に使いきってしまいましょう。スープの香りづけのほか、みじん切りにしてさくらえびとかき揚げにしたり、いためてチャーハンに入れたりと、意外に活躍します（渋谷教室　山上友子）

### 先生の 使いきり point

青い部分は細かくきざみます。ラップに包んで冷凍できます。

白い部分は適当な長さに切って、ラップで包むか、ポリ袋に入れて冷蔵庫に入れます

**2本を使用**

## ねぎの串焼き甘みそのせ

じっくり焼くから、甘味たっぷり。酒の肴に

調理時間 10min

### 材料（2人分）
ねぎ（白い部分） — 2本（200g）
竹串 — 8本
サラダ油 — 小さじ1
七味とうがらし — 少々
〔甘みそ〕
赤みそ* — 大さじ1
砂糖 — 大さじ1/2
みりん — 大さじ1/2

*赤みそだとコクがあっておいしい

### 作り方　●1人分 67kcal

**1** 竹串は水につけておきます。
**2** 甘みその材料を混ぜます。
**3** ねぎは4cm長さに切ります。まな板にねぎを3切れずつ並べ、串2本ずつを刺します。串がこげないように、出ている部分にホイルをざっと巻きます。ねぎの表面に油を軽く塗ります。
**4** グリルを加熱し、強火でねぎを焼きます。表3分、裏2分くらい焼き、甘みそをのせて1分弱ほど焼きます。七味とうがらしをふります。

## 先生のかんたんrecipe

### ねぎの香りマリネ

**ねぎ1〜2本**は10cm長さに切り、両面に斜めに切りこみを入れます。表面に**塩少々**をふり、グリルでこげ目がつくくらいに焼きます。小鍋に**ごま油大さじ3**、**花椒(ホワジャオ)小さじ1**、種をとった**赤とうがらし1本**を入れて温めます。油をこしながら、ねぎにかけます（渋谷教室 岩本百合子）

## ねぎのすき焼き煮

調理時間 20 min

肉よりもねぎがたっぷり。
おさいふも味も大満足です

### 材料（2人分）

ねぎ（白い部分） — 2本（200g）
牛ロース肉（薄切り） — 120g
焼きどうふ — 1/2丁（150g）
サラダ油 — 大さじ1/2
砂糖 — 大さじ1
A [ しょうゆ — 大さじ1 1/2
　　みりん — 大さじ1
　　酒 — 大さじ2 ]

### 作り方　●1人分 306kcal

**1** ねぎは4cm長さに切ります。とうふは3cm角に切ります。肉は4〜5cm長さに切り、ほぐしておきます。

**2** 大きめのフライパンに油を温め、肉をほぐして入れます。砂糖をふり入れ、肉に火が通ってきたら裏返して、鍋の端に寄せます。

**3** あいたところに、とうふとねぎを入れます。Aを加えて弱火にし、ふたをして10分ほど煮ます。

# もやし

いつも手ごろな値段で、おさいふがピンチのときに大助かりの野菜ですが、いたみやすいので、要注意。買ったら早めに食べきりましょう（渋谷教室　宗像陽子）

### 先生の 使いきり point

封をあけたら、一度に使いきるか、残りはゆでてしまいましょう。ゆで汁は、捨てずにスープやみそ汁に使います。

それでも使い残したときは、袋の空気を抜いて冷蔵庫に入れます

## もやしの ねぎ油あえ

"ねぎ油"を使った、ちょっとめずらしいあえもの。もやし独特のくさみが消え、箸が進みます

日もち 3日 ／ お弁当 ／ 調理時間 15min

### 材料（4人分）
- もやし ― 1袋（250g）
- クレソン* ― 1束（40g）
- かに風味かまぼこ ― 2本（20g）
- ねぎ ― 5cm
- サラダ油 ― 大さじ1
- 塩 ― 小さじ1/3

*ほうれんそうやにらでも

### 作り方　●1人分 48kcal

**1** もやしはできればひげ根をとります。かまぼこはほぐします。熱湯でクレソンをさっとゆで、水にとって、水気をきります。2～3cm長さに切ります。

**2** もやしは同じ湯でさっとゆで、ざるに広げてさまします。

**3** ねぎはみじん切りにし、大きめのボールに入れます。小鍋にサラダ油を入れて熱し、ボールに加えます。塩を加えて混ぜます。

**4** 3にもやし、クレソンを入れてあえます。器に盛り、かまぼこを飾ります。

## もやしと ピーマンの酢じょうゆあえ

食べる直前にあえればシャキッとした味、
翌日ならしんなりと味がしみます

2日 日もち / お弁当 / 10min 調理時間

**材料（4人分）**
もやし — 1袋（250g）
ピーマン — 3個
ごま油 — 小さじ1
塩 — 少々
トマト — 1個

A ［ 酢 — 大さじ2
　　しょうゆ — 大さじ1
　　砂糖 — 小さじ1
　　塩 — 少々 ］

**作り方** ●1人分 41kcal

**1** ピーマンは種を除き、細切りにします。もやしは、できればひげ根をとります。
**2** 熱湯で**1**をさっとゆで、ざるに広げてさまします。ボールに入れて、ごま油と塩を混ぜます。
**3** Aは合わせます。
**4** 食べる直前に、**2**をAであえます。トマトを縦半分に切って薄切りにし、もやしとともに盛りつけます。

## もやしと ツナのサラダ

すぐ作れておいしい、定番の節約おかず

2日 日もち / お弁当 / 子ども / 10min 調理時間

**材料（2人分）**
もやし — 1袋（250g）
きゅうり — 1/2本
　塩 — 小さじ1/8
ツナ缶詰 — 80g

A ［ 酢 — 大さじ1
　　ツナの油 — 大さじ1
　　マヨネーズ — 大さじ1
　　塩 — 小さじ1/8
　　こしょう — 少々 ］

**作り方** ●1人分 190kcal

**1** もやしは、できればひげ根をとります。熱湯でさっとゆで、ざるに広げてさまします。
**2** きゅうりはせん切りにし、塩をふって5分ほどおきます。水気をしぼります。
**3** ツナは油を大さじ1とりおき、油をきります。Aは合わせます。
**4 1**、**2**、**3**を混ぜ、器に盛ります。

## かぼちゃ

かぼちゃは切り口の色がしっかりと濃く、種がふっくらとしているものを選びましょう。切るのがひと手間なので、買ってきたら、食べやすいように切って、火を通しておくと、使いやすい（千葉教室　藤井佳世）

1/4カットを使用

### 先生の使いきりpoint

かぼちゃは、電子レンジ加熱に向く野菜です。ラップをして電子レンジで加熱します（300gで4〜5分）。冷凍しておけば、すぐ料理に使えます。

種とわたからいたむので、3日以上保存するときは、とり除きます。

## かぼちゃとがんもの煮もの

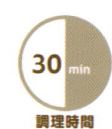

30min 調理時間

小さめの京がんもを使うと、品よくなります。味わいにもコクが出ます

3日 日もち／お弁当／子ども

### 材料（4人分）
- かぼちゃ — 300g
- 京（姫）がんも — 8個（150g）
- 枝豆（冷凍）— 100g
- A
  - 水 — カップ1 1/2
  - 砂糖 — 大さじ2
  - みりん — 大さじ2
  - しょうゆ — 小さじ2

### 作り方　●1人分 212kcal

1 がんもどきはざるにのせ、熱湯をかけて油抜きをします。
2 かぼちゃは3〜4cm大に切り、面とりをし、ところどころ皮をむきます。
3 枝豆は解凍し、さやから出します。
4 鍋に、1、2、Aを合わせ、落としぶたと鍋のふたをし、火にかけます。沸とうしたら弱火にし、20分ほど煮ます。
5 かぼちゃがやわらかくなり、煮汁がほとんどなくなったら、枝豆を加えて、火を止めます。

> 先生の かんたん recipe
>
> **かぼちゃのおやつ**
>
> **かぼちゃ**は薄切りにして、電子レンジでやわらかくします。つぶして、**はちみつ**や**砂糖**、**シナモン**を混ぜて丸めます。おいしいデザートができます
>
> （名古屋教室　野村とし子）

## かぼちゃサラダ

カリッとした歯ざわりのアーモンドがおいしさアップの秘けつ。
たっぷり作っても、すぐなくなります

2日日もち／お弁当／子ども

調理時間 15min

### 材料（4人分）
かぼちゃ ― 300g
きゅうり ― 1本
レーズン ― 30g
スライスアーモンド ― 10g
A │ マヨネーズ ― 大さじ2
　│ 塩 ― 小さじ1/6
　│ こしょう ― 少々

### 作り方　●1人分 126kcal

**1** かぼちゃは種とわたをとり、皮をむいて*、2cm角に切ります。きゅうりは薄切りにし、塩少々（材料外）をふって、しんなりしたら水気をしぼります。
**2** レーズンは熱湯に5分ほどつけてやわらかくし、水気をきります。スライスアーモンドはフライパンで1〜2分色づくまでからいりします。
**3** かぼちゃにラップをして、電子レンジで4〜5分加熱し、つぶします。あら熱がとれたら、Aを混ぜます。
**4** 3にレーズン、きゅうりを混ぜ、アーモンドを散らします。

*皮付きのままでも

# 残り野菜

野菜が少しずつ残ったら、1cm角に切っておいて、ミネストローネ、チャーハン、炊きこみごはんの具などに使います。皮もむだなく食べきります
（難波教室　山﨑みち子）

## 先生の使いきりpoint

料理の手始めはまず、残り野菜から使いましょう。容器を決めて、使いやすいようにまとめておきます。さらに切っておくと、すぐ使えます。

## 具だくさん野菜スープ

残り野菜は、なんでも入れて、スープで食べきってしまいましょう

日もち 2日　子ども　調理時間 10min

### 材料（2人分）
たまねぎ — 30g
じゃがいも — 小1個（100g）
セロリ — 30g
にんじん — 30g
だいこん — 30g
ミニトマト — 2個
サラダ油 — 小さじ1
A ┌ 水 — カップ2
　└ 固形スープの素 — 1個
塩・こしょう — 各少々

### 作り方　●1人分 70kcal

1 ミニトマト以外の野菜は、すべて1.5cm角に切ります。ミニトマトは半分に切ります。
2 鍋に油を温め、ミニトマト以外の野菜を中火でいためます。しんなりしたらAを加え、沸とうしたら弱火にし、ふたをしてやわらかくなるまで煮ます。
3 ミニトマトを加えて、1分ほど煮、塩、こしょうで味をととのえます。

## ソースチャーハン

レンジで作るソース味のチャーハン。
野菜が切ってあれば、ぐっとらくに作れます

冷凍 / お弁当 / 子ども

10 min 調理時間

**材料（2人分）**
ピーマン — 1個
たまねぎ — 1/5個（40g）
ベーコン — 2枚
ごはん — 300g
A［サラダ油 — 小さじ1/2
　　ウスターソース — 大さじ1 1/2
塩・こしょう — 各少々
ルッコラ、ミニトマトなど — 適量

**作り方**　●1人分 297kcal

1 たまねぎはみじん切りに、ピーマン、ベーコンは5mm角に切ります。
2 ごはんに 1、Aを混ぜ、ラップなしで電子レンジで4〜5分加熱します。
3 塩、こしょうで味をととのえ、ルッコラとミニトマトを添えます。

## ジンジャーティー

しょうがの皮には香り成分がたっぷり。
だから捨てずにしっかり再利用しましょう

5 min 調理時間

**材料（2人分）**
紅茶の葉 — 4g
しょうがの皮 — 適量
熱湯 — 300〜320ml

**作り方**　●1人分 2kcal

1 温めたポットに紅茶の葉としょうがの皮を入れます。
2 熱湯をそそいで、2〜3分むらします。
3 温めたカップにそそぎ、好みで砂糖やはちみつを入れます。

しょうがの皮は、使うごとにざるに入れて乾燥させます。魚のくさみ消しにも使えます

### 先生のかんたんrecipe

**皮でアップルティー**

りんごの皮は残しておいて、紅茶に入れるととても香りのよいアップルティーになります（福岡教室　古屋敷弘子）

# もうむだにしない！冷蔵庫すっきり！料理上手の使いきり術

忙しいと、料理作りがついなおざりになって、買った野菜がしなびたり、作った料理をむだにしたりしがちです。材料を上手に使って、おいしく食べきる。それは、環境や家計にとって、いちばんうれしいこと。むだにしないで、おいしく食べきるコツをご紹介します。

\* \* \*

## むだを買わない、むだにしない

食材を使いきるには、買うときから"むだ"をなくしましょう。そして、買ってきたら、食べやすいようにきちんと保存すること。自分なりのルールを決めることで、上手に使いきれるようになります。

### その1 献立を考えて、まとめ買い

材料はまとめ買いで、必要な材料だけを買うようにします。
1週間の献立を大まかに考えておくと、余計なものを買わずにすみます。

#### 1週間の献立表

| | 朝 | 昼 | 夜 |
|---|---|---|---|
| 7/12 (土) | 目玉焼き<br>じゃがいものカマンベール風味サラダ<br>トースト | 残り野菜のいためもの<br>ざるうどん | あじの香草焼き<br>だいこんのトマトシチュー<br>レタスのサラダ<br>ごはん |
| 7/13 (日) | ごはんのお焼き<br>だいこんのめんたいあえ | パンサラダ<br>フルーツマリネ | しょうが焼き<br>レタスの梅ドレッシング<br>すましシト<br>ごはん |
| 7/14 (月) | 焼きざけ<br>だいこんのマヨネーズサラダ<br>キャベツのみそ汁<br>ごはん | なすととり肉の煮もの<br>切干しだいこんの卵焼き<br>キャベツのおかかあえ<br>ごはん | キャベツメンチ<br>ほうれんそうと卵のスープ<br>ごはん |
| 7/15 (火) | 温泉卵<br>ほうれんそうのおひたし<br>だいこんの皮のきんぴら<br>ごはん | にんじんパスタ<br>野菜のピクルス | さけのマリネ<br>トマトのサラダ<br>キャベツのスープ煮<br>パン |
| 7/16 (水) | ハムエッグ<br>キャベツのスープ煮<br>（前日の残り）<br>トースト | 肉だんごの甘酢煮<br>もやしとツナのサラダ<br>ごはん | きゅうりとささみのいためもの<br>ひじきととうふのサラダ<br>みそ汁<br>ごはん |
| 7/17 (木) | あじの干もの<br>高野どうふのピカタ<br>みぞれ汁<br>ごはん | 外ランチ | 肉じゃが<br>たまねぎとさくらえびのいためもの<br>わかめのみそ汁<br>ごはん |
| 7/18 (金) | 肉じゃがオムレツ<br>ジンジャーティー<br>トースト | にんじんとさつまいものはちみつ煮<br>肉だんごのスープ<br>干しいたけごはん | とり肉のトマトペンネ<br>豆のサラダ |

## その2 買物リストを作ろう

作る料理を決めたら、1週間分の買物リストを作りましょう。買い忘れや、買いすぎを防げます。この本には、ふろくとして買物チェックリストをつけました。リストには「これがあれば1週間乗りきれる」2人家族の材料のめやすが書いてあります。冷蔵庫の中身を見ながら、買うものを決めましょう。

### 買物リストの使い方　・・・ How to use

リストをコピーします。1枚で2回分になっているので、まん中で切ります。
チェックリストを見ながら、冷蔵庫や食品庫を確認し、たりないものにチェックを入れましょう。
リストにない材料、買いたしたい調味料などがあれば、memo欄に書き加えます。

**Check!** 家庭で使いやすい食材を中心にのせています。

**Check!** リストを見ながら、冷蔵庫や家のストックを確認しましょう。たりないものだけチェックをします。

| 野菜 | | | 肉&魚 | | | その他 | |
|---|---|---|---|---|---|---|---|
| ☑ にんじん | 2本 | | ☑ 切り身魚 | 4切れ | | ☐ 米 | |
| ☑ キャベツ | 1/2個 塩もみする | | ☑ 甘塩ざけ | 3切れ | | ☑ パン | |
| ☑ だいこん | 1/2本 | | ☐ 干もの | 3切れ | | ☑ スパゲティ フェトチーズを買う | |
| ☐ はくさい | 1/4株 | | ☑ とり肉 | ~~1枚~~ 2枚・1枚冷凍 | | ☑ 卵 | |
| ☑ 青菜 | 1束 ほうれんそう | | ☑ 薄切り肉 | 200g | | ☑ 牛乳 | |
| ☑ ねぎ | 1本 | | ☑ ひき肉 | 300g 肉だんごで冷凍 | | ☐ チーズ | |
| ☑ きゅうり | ~~2本~~ 3本 | | ☑ ベーコン | 100g | | ☑ 納豆 | |
| ☑ なす | 2個 | | ☐ ソーセージ | 1袋 | | ☐ 油揚げ（生揚げ） | |
| ☐ ピーマン | 1袋 | | ☑ ハム | 1パック | | ☐ キムチ | |
| ☑ ブロッコリー | 1株 | | ☐ あさり | 1パック | | ☑ とうふ | |
| ☑ レタス | 1個 | | ☑ ちりめんじゃこ または | | | ☐ わかめ | |
| ☑ ミニトマト | 1パック トマトに | | たらこ | 1パック | | ☐ こんにゃく（しらたき） | |
| ☐ たまねぎ | 3個 | | | | | ☑ 乾物（切り干しだいこん） | |
| ☐ じゃがいも | 4個 | | | | | | |
| ☐ ごぼう | 1本 | | | | | | |
| ☑ きのこ類 | 1パック | | | | | | |
| ☑ もやし | 1袋 | | | | | | |
| ☐ にんにく | | | | | | | |
| ☐ しょうが | | | | | | | |
| ☑ フルーツ | | | | | | | |

**memo**

ミックスビーンズ 1缶
パプリカ 2個
安ければ、あじを買う（2尾）

バター 1箱
マヨネーズ 1袋
みりん 1本

**Check!** たりなくなった調味料や旬のもの、最近食べていないものなどの食材を書き加えます。

**Check!** 保存法や、使う予定の料理を書いておいてもよいでしょう。

## その3　買い置きの数を決める

野菜や肉だけでなく、調味料だって新鮮なものを使ったほうが、料理はおいしくできます。どんなに安くても、決めた数以上は買わないようにして、家族が少なければ、割高でも小びんを買う勇気をもちましょう！

調味料類は、安いからと、飛びついてしまうと、同じものを買ってしまったり、入れる場所がなくなったり…なんてことも。
しかも、使っていないのに賞味期限がきれていたという経験はありませんか。

あ、同じ調味料ばっかり！

また、同じ種類の缶詰を買いたしたときは、使用順の番号を書いておくと便利です。

## 在庫のめやす

決まった数だけあれば、すっきり収納できます。
たりなくなったときに補充しましょう。

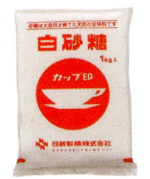

| しょうゆ | みりん | 酒 | 酢 | マヨネーズ | サラダ油 | オリーブ油 | ごま油 |
|---|---|---|---|---|---|---|---|
| 1本 | 1本 | 1本 | 1本 | 1本 | 1本 | 小1本 | 1本 |

| ツナ缶詰 | トマト水煮缶詰 | ケチャップ | バター | 砂糖 | 塩 | 小麦粉 |
|---|---|---|---|---|---|---|
| 3缶 | 2缶 | 1本 | 1箱 | 1袋 | 1袋 | 1袋 |

## その4　冷蔵庫には詰めこまない

冷蔵庫は常にきれいにして、中身がひと目で分かるようにすっきりさせれば、二重買いが防げます。電気代もセーブできます。

朝食用や乳製品といった、用途別トレーを作ります。トレーにまとめれば、さっと出せてしまいやすく、すっきりします

まん中はあけておきます。調理中にサラダを冷やしたいときや、下ごしらえした肉を入れておきたいときなど、スムーズに使えます

食べ残しを保存するときは、四角い保存容器を使うとむだなスペースができず、庫内がすっきりします

使い残しの野菜はラップをして、中が分かる容器にひとまとめに。野菜室をあけたときに、いちばん目につくところに置きます

冷凍するものは、日付と内容を書きます

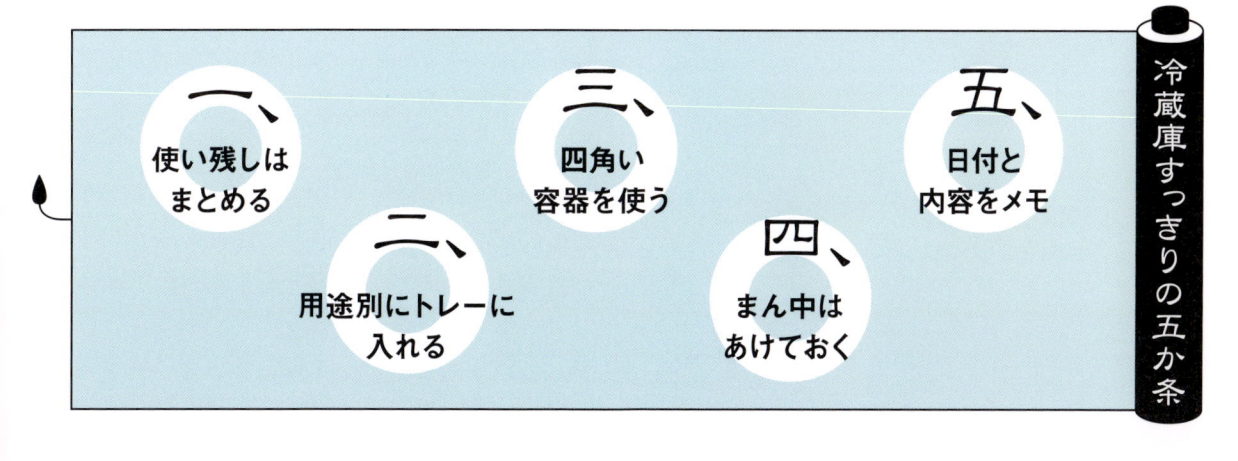

### 冷蔵庫すっきりの五か条

一、使い残しはまとめる

二、用途別にトレーに入れる

三、四角い容器を使う

四、まん中はあけておく

五、日付と内容をメモ

●野菜は、体のことも考えて、たっぷり買います。**できるだけ無農薬や有機栽培のものを選んで、皮ごと調理**。ブロッコリーの軸などの**半端な野菜は、すべてみじん切り**にして、ミートソースやドライカレーに使います（京都教室　島川和香）
●週に1度は、**野菜をたっぷり使えるカレーやスープ**などのメニューをとり入れて、とにかく使いきります（渋谷教室　山上友子）

ベターホームの先生が
やっている

## 使いきりの小ワザ

●特売品につられないように、**ストックする調味料の数はしっかり決めて**います（難波教室　金井祥惠）
●**冷蔵庫はいつもきれいに、食材を詰めこみ過ぎない**ようにしています（渋谷教室　堀江雅子）
●冷蔵庫や食品庫に入っている**材料を必ず確認してから、買物に行きます**（名古屋教室　伊藤尚子）
●**買物は、朝食、夕食、お弁当と基本的な献立を決めてから出かけます**（梅田教室　相坂美千代）
●買物に行く前に、冷蔵庫、冷凍庫に残っているもので料理を作るようにしています。残りものをきれいにして、休日にごちそうを作ります（神戸教室　井上祥子）

●たれやソースなどは、容器代や人件費を考えると割高。しかもたいてい使いきれずに、冷蔵庫に残ったままになるので、手づくりしています（福岡教室　佐藤久美子）

●ドレッシングは、市販品を買わず、そのつど作ります。めんどうなら、塩、こしょう、酢、油を直接野菜にかけてもおいしい（大宮教室　栗田由美子）

●キッチンに、大小のゴムべらを常備。**調味料を残らずかきとって、使いきります**（京都教室　遠藤摩耶）

●ケチャップやソースが残り少なくなったら、**容器を半分に切り、しょうゆを入れて、その中で味つけします**。使いきった！というスッキリ感があります（難波教室　山﨑みち子）

ベターホームの先生たちに、日々くふうしているおすすめの使いきりポイントを聞きました。

●使いかけの野菜はひと目で見えるように、**平らな容器に入れ**、みそ汁やスープの具にどんどん使います（銀座教室　樫原睦美）

●買ってからすぐに使わないハムやベーコンは**ラップをはさみ、分類して冷凍します**。きちんと保存しておくと、すぐ使えます（神戸教室　木村ヒトミ）

●使いきれなかった材料は、**なんとなく保存せず、きざんで、すぐ使える状態にします**（町田教室　小笠原由美子）

# 食材を使いきるための Q&A

先生教えて！　7 Questions & 7 Answers

## Q.1
忙しい日が続くと、なかなか料理ができず、買った野菜がむだになってしまいます。よい方法はありますか？

### A.1
- 野菜を買ったら、さやいんげん・さやえんどう→ブロッコリー→こまつななどの青菜→ほうれんそうと順番を決めて（アクの強いものを最後に）ゆでてしまいます。ゆでて保存しておけば、必ず使いきれます（難波教室　加藤潤子） 
- グリルで肉や野菜を焼くときは、ついでにほかの野菜も焼いてしまいます（梅田教室　原田恵美）
- 料理をするときは、事前に保存容器にピクルス液を作っておきます。残り野菜が出たら、どんどん漬けこむと、つけ合わせにすぐ使えて、食べきれます（渋谷教室　大久保洋子）

## Q.2
いつも最後の"ちょっと"が使いきれません。どうしたらいい？

### A.2
- ひとりの食事のときは、残りものの野菜、肉を全部いためて、丼ものにして食べます（名古屋教室　伊藤美紀代）
- 1個残ったトマトは、丸ごと冷凍できます。そのままシチューに入れると、つるりと皮がむけます（梅田教室　斉藤豊子）
- 食べきれないバナナやブルーベリーなどのフルーツは冷凍して、ジュースやスムージーを作ります（梅田教室　佐野映子） 
- ぬか床があるととても便利。かぶやだいこん、にんじんなど、残り野菜は何でも漬けることができます（藤沢教室　吉越ゆみ子）
- レモン、ゆずは汁をしぼって冷凍し、皮も冷凍します（難波教室　和田浩恵）
- にんにくが少量余ったときは、オイル漬けや、びんに入れてしょうゆをそそぎ、にんにくじょうゆにします。チャーハンやいためものに役立ちます（福岡教室　光保昌子） 

## Q.3
ぎょうざの皮が残ってしまいました。賞味期限も短いし、どうしたらいい？

### A.3
- ラップを1枚ずつはさめば、冷凍もできますが、使いきってしまっても。残ったぎょうざの皮に、ケチャップやチーズをのせて焼けばピザ風に、りんごジャムやつぶしたかぼちゃをはさんで揚げるとおいしいおやつになります（名古屋教室　鵜飼敦子）

## Q.4
野菜の皮はいつも捨てています。もったいない気がします。

### A.4
●さつまいもの皮は、油で揚げて砂糖をからめます（名古屋教室　若原仁子）
●だいこんの皮がたくさんあるときは、1cm幅に切って、ざるに広げて干します。袋に入れて冷凍すれば、切り干しだいこんとして使えます（名古屋教室　竹内淳子）
●ごぼうをこそげた皮は、炊きこみごはんの味出しに使います（名古屋教室　長谷川和子） 

## Q.5
使わなかった小袋の調味料、捨てずにとっているけど、たまる一方です。どうやって使えばいいの？

### A.5
●刺し身についていた小袋のしょうゆ、フライのソース、ヨーグルトの砂糖などは、しまいこまずにコンロの近くに置いておきます。煮ものやいためものを作るときに、まっ先に使います（京都教室　西片直子）
●納豆についているたれが残ったら、からしと合わせて、菜の花のからしあえに使えます。時間のないときに便利（銀座教室　川瀬敦子）

## Q.6
飲みかけのお酒や、あまり使わないスパイスなどが余っています。場所をとって、困っています！

### A.6
●少しだけ残っているブランデーやコアントローなどの洋酒は、すべて合わせてびんに入れ、ドライフルーツを漬けこみます。お菓子作りやケフィア（ヨーグルト）に入れると、ぜいたくな味になります（柏教室　橋本知子）
●使いきれないドライハーブは、パン粉に混ぜてフライやパン粉焼きに使いましょう。香りもよく、おいしいフライになります（横浜教室　中里登美子）
●練りごま、ハーブ、スパイス、ココア、そば粉、パセリなどはパン作りのときに、生地に混ぜこんで使いきります（町田教室　茅直美）

## Q.7
酢漬けや缶詰の調味液が残ります。捨てていますが、使い道はある？

### A.7
●残った甘酢は、酢のものに使ってしまいます。また、ちりめんじゃこをつけておいて、きゅうりやだいこんとあえれば、一品になります（名古屋教室　藤田眞澄美）
●ツナ缶にオイルが残ったら、缶に酢、塩、こしょうを入れてドレッシングを作ります（札幌教室　江向敦子）

# 捨てるところもおいしく食べる
# むだなし cooking

お菓子作りで残った生クリームや、食べきれなかった料理。
冷蔵庫に入れたまま、だめにしちゃったという経験はありませんか。
魚のあらやとりの皮は、捨てるものだと思っていませんか。
煮たり、焼いたりしてみたら、あら不思議。
新しい料理によみがえって、とってもおいしい。
捨てる材料で作れるから、得した気分になりますよ。

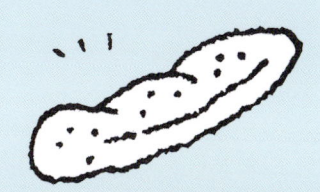

かたくなっちゃったパン

捨てないで！！

野菜をいためて、スープを
そそいでみたら、料理ができた

だから

ちょっぴり!!

ごみのダイエット大成功！

# むだなしcooking
## 人気料理　ベスト3

**1.** かんたんとり皮焼き ……… P.61
パリパリがおいしい。おつまみにもなるもう一品

**2.** ズッキーニとトマトのパングラタン…. P.63
かたくなったパンが復活！

**3.** ポトフでポテトサラダ ……… P.68
じゃがいもをゆでなくても作れます

# 捨てずに料理

魚のあらや、とりの皮、少量残ったパンや
ごはんだって上手に活用！
捨てずにちょっと手を加えるだけで、
おいしい料理が作れます

## 捨てないで！
## 魚のあら・いかげそ

魚を一尾下ごしらえするのは
ひと手間ですが、余すところなく使えるから
お得です。中骨はスープをとったり、
みそ汁に。あらはうま味たっぷりの
ぜいたくな味に大変身します
（梅田教室　江端美賀）

### 料理の小ワザ

魚を三枚おろしにして残った骨やあらは、よく洗い、グリルで焼きます。そのあと鍋に入れて水を加え、弱火で10分ほど煮ると、くさみのないだしがとれます（江端）

## あらのハーブ焼き

たくさん身のついたあらを見かけたら、
ぜひ作ってみて。焼くだけでごちそうになります

**材料（2人分）**　調理時間 30min

すずきのあら* ― 400g（約1尾分）
A ┃ オリーブ油 ― 大さじ2
　 ┃ タイム・オレガノ（乾燥）** ― 各小さじ1
レモン ― 1/2個

*たい、きんめだい、ぶり、さけなどでも
**生のハーブを使うときは、約3倍量を使います

**作り方**　●1人分 190kcal

**1** あらは洗って汚れをとり、塩小さじ1/2、こしょう少々（各材料外）をふって、約15分おきます。
**2** あらの水気をふきます。Aを混ぜ、2/3量をスプーンなどであらに塗ります。
**3** レモンはくし形に切ります。
**4** グリルを予熱し、あらの両面を約10分、火が通るまで焼きます。最後に残りのAを塗り、表面をさっと焼きます。

あらを使うときは、よく洗ってうろこや汚れをとります

## きんめだいのあら煮

**3日** 日もち

あらを使った定番料理。一緒に煮たごぼうや
こんにゃくもこっくり煮えて、大満足

**材料（2人分）** 　30min 調理時間

きんめだいのあら* ― 400g（約1尾分）
ごぼう** ― 10cm
こんにゃく ― 1/3枚（80g）
A [ 酒・水 ― 各カップ1/2
B [ しょうゆ ― 大さじ2 1/2　みりん ― 大さじ2
（あれば）木の芽 ― 10枚

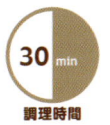

*たい、すずきなどの白身魚でも　**新ごぼうだと、よりおいしい

**作り方**　●1人分 224kcal

**1** あらは塩小さじ1/2（材料外）をふり、約10分おきます。熱湯にさっと通し、水で洗ってうろこと汚れをとります。
**2** ごぼうは皮をこそげ、5cm長さに切って、縦半分にします。太ければ4つ割にします。水にさらして、水気をきります。こんにゃくは2～3cm角にスプーンでちぎり、熱湯でさっとゆでます。
**3** 鍋にAと**1**、**2**を入れて火にかけ、沸とうしたら、アクをとります。落としぶたをして（ふたなし）、中火で6～7分煮ます。Bを加え、汁を時々かけながら、汁気が少し残るまで13～14分煮ます。
**4** 器に盛り、煮汁をかけて、木の芽をのせます。

## いかげそマリネ

いかのげそで作れる、もう一品。冷蔵庫で冷やして前菜にも。
油はねしやすいので、気をつけて調理しましょう

**3～4日** 日もち　お弁当　20min 調理時間

**材料（4人分）**

いかのげそ、エンペラ ― 240g（約2はい分）
たまねぎ ― 1/2個（100g）
かたくり粉 ― 大さじ1
揚げ油 ― 適量
A [ 砂糖 ― 小さじ1　酒・酢・しょうゆ ― 各大さじ1
リーフレタス ― 2枚

**作り方**　●1人分 131kcal

**1** たまねぎは薄切りにし、ボールに入れます。
**2** Aを煮立たせて、**1**にそそぎます。
**3** いかの足は足先と吸盤を除きます。1本ずつに切り分け、4～5cm長さに切ります。エンペラは同じ長さの細切りにします。ペーパータオルで水気をよくふき、かたくり粉をまぶします。
**4** 深めのフライパンに1cm深さまで油を入れ、高温（約180℃）に熱していかを揚げます。油はねするので、鍋のふたをフライパンの上にかざして防ぎます。約2分揚げ、音が小さくなったら、上下を返します。再び約1分揚げます。油をきって**1**に入れます。

## 捨てないで！
# とりの皮・とり手羽先

子どもが嫌いで食べないとりの皮や、安い手羽先の捨てるところも、おいしく食べられます（千葉教室　大山広子）

とりのももやむね肉の皮の余分な脂は、とり除きます

### 待って！捨てないで！！

スープをとったあとの手羽先の肉は、骨から肉をはずし、スープやサラダ、あえものに使います

## とり皮きんぴらごぼう

いつものきんぴらに、残ったとりの皮を加えると、コクが出ます

日もち 3日 / 冷凍 / お弁当 / 調理時間 15min

### 材料（4人分）
- とりの皮 — 2枚（80g）
  - 酒 — 小さじ1
- ごぼう — 120g
- にんじん — 50g
- ごま油 — 小さじ1
- A
  - 酒 — 大さじ1
  - みりん — 大さじ2
  - しょうゆ — 大さじ1½

### 作り方　●1人分 155kcal

1 とりの皮は余分な脂を切りとり、酒をふります。熱湯でさっとゆで、細く切ります。

2 ごぼうは皮をこそげます。ごぼうとにんじんは5cm長さのせん切りにし、ごぼうは水にさらします。Aは合わせます。

3 鍋にごま油を温め、皮をいためます。脂が出てきたら、ごぼう、にんじんを加えて2〜3分いためます。Aを加え、ほとんど汁気がなくなるまでいため煮にします。

## かんたんとり皮焼き

パリパリして、おつまみにもってこい。とりの皮は、余ったときに調味液につけて、冷凍しておいても

10min 調理時間
(漬ける時間は除く)

**材料（2人分）**
とりの皮 — 2枚（140g）
みりん — 大さじ1
しょうゆ — 大さじ1
ししとうがらし — 10本
サラダ油 — 少々
竹串 — 2本

**作り方** ●1人分 242kcal

1 とりの皮は、余分な脂を切りとり、フォークで穴をあけます。みりん、しょうゆをかけ、約30分おきます。
2 ししとうがらし10本は5本ずつ竹串に刺して、サラダ油をひと塗りします。
3 グリルで1、2を焼き色がつくまで、両面焼きます。皮は1～2cm幅に切ります。

## とり手羽先のスープ

手羽先を使えば、かんたんに本格的なスープがとれます。食べられない手羽先の先からも、しっかりうま味が出ます

3日 日もち / 冷凍 / 子ども

40min 調理時間

**材料（約550ml分*）**
とり手羽先 — 250g（約7本）
たまねぎ（薄切り）— 1/4個（50g）
にんじん（薄切り）— 50g
ローリエ — 1枚
水 — 1ℓ

*倍量作りたいときは、材料をすべて倍にします

**作り方** ●全量（スープのみ）66kcal

1 手羽先は関節部分、肉と骨の間にそれぞれ切りこみを入れます。熱湯にさっと通します。
2 鍋に材料全部を入れて、強火にかけます。沸とうしたらアクをとって、火を弱めます。アクをとりながら、弱火で約30分煮ます。
3 半量くらいになるまで煮つまったら、厚手のペーパータオルを敷いたざるにあけてこします。さめてから、ペットボトルや保存容器に入れて、冷蔵庫で保存します。

※写真はスープに、はくさいとザーサイ、もどした干ししいたけを入れました。塩、こしょうで味をととのえます

## 捨てないで！
# かたくなったパン

残ってかたくなってしまったパンは、スープに入れて、また料理やお菓子に使うと、まだまだおいしく食べられます
（銀座教室　田中和代）

## パンサラダ

主食代わりにもなる、ボリュームサラダ。
おいしいドレッシングで、
かたくなったパンが食べやすくなります

お弁当　子ども　調理時間 10min

### 材料（2人分）
- ブロッコリー ― 1/2株
- ミニトマト ― 6個
- レタス ― 1枚
- フランスパン ― 10cm
- にんにく ― 少々

〔ドレッシング〕
- 粉チーズ ― 大さじ1/2
- 酢 ― 大さじ1
- 塩・こしょう ― 各少々
- オリーブ油 ― 大さじ1

### 作り方　●1人分 231kcal

**1** ブロッコリーは小房に分けます。熱湯で2分ほどゆで、水気をきります。トマトはへたをとり、半分に切ります。レタスは食べやすい大きさにちぎります。

**2** パンは1cm厚さに切ります。片面ににんにくの切り口をこすりつけ、オーブントースターで軽く焼き色がつくまで焼き、小さめのひと口大に切ります。

**3** 大きめのボールにドレッシングの材料を合わせ、食べる直前に**1**、**2**を加えてあえます。

---

### 料理の小ワザ

かたくなったパンは焼かずに蒸すと、もちもちとやわらかくなり、新しい食感が楽しめます
（渋谷教室　加藤美子）

## ズッキーニとトマトの パングラタン

ソースいらずのグラタンです。
野菜の水分がパンにしみこみ、
かたいパンもほどよくしっとり

子ども　20min 調理時間

### 材料（2人分）
ズッキーニ ― 1本
A [ 塩 ― 小さじ1/6
　　オリーブ油 ― 大さじ1/2 ]
トマト ― 大1個
　　（200〜250g）
ソーセージ ― 4本（100g）
フランスパン ― 70g
にんにく ― 少々
バジル*（乾燥）
　― 小さじ1/2
ピザ用チーズ ― 50g
*好みのハーブで

### 作り方　●1人分 414kcal
1 ズッキーニは5mm厚さの斜め切りにし、さらに細切りにして、Aをまぶします。トマトは1cm角に切ります。ソーセージは斜めに3〜4等分します。
2 フランスパンは縦半分にし、さらに1cm厚さに切ります。切り口ににんにくをこすりつけます。
3 耐熱容器に、2→トマトの半量とソーセージ→ズッキーニ→残りのトマトの順に重ねます。バジルとチーズを散らし、230℃のオーブンで焼き色がつくまで7〜8分焼きます。

## パンの耳ラスク

パンの切れ端が、おいしいおやつに変身！
たっぷりのバターを使うのがおいしさの秘けつ

5日 日もち　子ども　30min 調理時間

### 材料（4人分）
食パンの耳* ― 70g
A [ バター（またはマーガリン）― 50g
　　砂糖 ― 25g ]

### 作り方　●1本 33kcal
1 バターは室温でやわらかくし、砂糖をよく混ぜます（砂糖の代わりにメープルシュガーでもおいしい）。
2 パンの耳20本（10枚切り）の白い部分に、1を塗ります。150℃のオーブンで、カリッとするまで15〜20分焼きます。

*フランスパンを薄切りにしても

## 捨てないで！
# 残りごはん

たくさん炊いて余ったごはんは、そのまま冷凍するだけでなく、味をつけて保存しておくと、家をあけるときに役立ちます
（横浜教室　香月忍）

## ごはんのお焼き

具だくさんで香ばしい。
ベーコン、ソーセージ、
チーズなどを具にして洋風にしても

冷凍／お弁当／子ども

**材料（2人分）**
ごはん — 200g
卵 — 2個
ピーマン — 1個
ねぎ — 10㎝
ちりめんじゃこ — 20g
けずりかつお — 4g
小麦粉 — 大さじ1
しょうゆ — 小さじ1
サラダ油 — 小さじ2
ソース — 適量

**作り方**　●1人分 359kcal

**1** ピーマンは細かく切ります。ねぎは小口切りにします。

**2** 卵をときほぐし、ごはん、**1**、ちりめんじゃこ、けずりかつお、小麦粉、しょうゆを加えて混ぜます。

**3** フライパンに油を温め、**2**の生地を直径10㎝の円形に流します（2枚一度に、合計4枚焼きます）。焼き色がついたら、裏返して焼き色がつくまで焼きます。ソースをかけて食べます。

調理時間 10min

## 捨てないで！
## だしがら

こんぶは使ったら、どんどん冷凍しておきます。
たまったら、一度に調理して食べきります
（京都教室　三滝隆香）

## だしがらこんぶの梅干し煮

梅干しを入れることで、早く煮えます。
梅干しの種だけでも
作れるので、種も捨てないで！

3日日もち　お弁当

**材料（2人分）**
だしをとったこんぶ — 60g
梅干し* — 1個（20g）
A［しょうゆ — 大さじ1/2
　　みりん — 大さじ1/2
　　砂糖 — 小さじ1］
けずりかつお — 4g

*料理に果肉を使ったあとの種をとっておいて
使えます。種だけなら2～3個

調理時間 20min

**作り方** ●1人分 17kcal

1 こんぶは3～4cm長さ、4～5mm幅に切ります（キッチンばさみを使っても）。
2 鍋に1、梅干しをくずして種ごと入れ、かぶる程度の水を加えて火にかけます。煮立ったらふたをして弱火にし、やわらかくなるまで7～8分煮ます。
3 種を除いてAとけずりかつおを加え、ふたをとって煮汁をとばすように煮ます。

### 料理の小ワザ

梅干しの種はびんに入れて、しょうゆにつけておくと、梅の風味が移った梅じょうゆになります。いためものやあえものに使えます（渋谷教室　堀江雅子）

## 捨てないで！
# 生クリーム

生クリームを開封したら、新鮮なうちに使いきりたいものです。毎日の卵料理に使うのがいちばん手軽です
（渋谷教室　浜村ゆみ子）

## 野菜のオムレツ

生クリームを入れるから、
ふんわりやさしい。
卵液は大きくかき混ぜたら、
半分に折るだけです

お弁当　子ども

### 材料（2人分）
- ズッキーニ — 1/2本（75g）
- たまねぎ — 1/4個（50g）
- 卵 — 3個
- A
  - 生クリーム — 大さじ1
  - 塩 — 小さじ1/6
  - こしょう — 少々
- サラダ油 — 大さじ1
- バター — 15g
- （あれば）イタリアンパセリ — 少々

### 作り方　●1人分 276kcal

1 ズッキーニ、たまねぎは7〜8mm角に切ります。
2 卵をとき、Aを加えて混ぜます。
3 フライパンに油を温め、1を中火で1〜2分いためます。とり出して2に加えて混ぜます。
4 フライパンにバターを溶かし、3を入れ、箸で大きくかき混ぜます。全体が半熟になったら半分に折り、皿にとります。パセリを添えます。

調理時間 10min

◯ 捨てないで！

# 卵白

お菓子作りをすると、卵白だけが余るときがあります。
スープやいためもので使いきるか、冷凍しましょう
（渋谷教室　山上友子）

## オクラのふんわりすまし汁

汁ものに入れてしまえば、いともかんたんに使いきれます

子ども

**材料（2人分）**
オクラ — 2本
卵白 — 1個分
だし — カップ 1½
A ［塩 — 小さじ⅙
　　しょうゆ — 小さじ½］
〔水どきかたくり粉〕
かたくり粉 — 小さじ¼
水 — 小さじ½

調理時間 10min

**作り方**　●1人分 16kcal
1 オクラはへたをとり、がくの部分をけずります。薄い小口切りにします。
2 卵白はほぐします。
3 鍋にだしを温め、Aで味をととのえます。オクラを入れ、ひと煮立ちしたら、水どきかたくり粉でとろみをつけ、卵白を少しずつ流し入れます。火を止めます。

### 料理の小ワザ

ナンプラーはエスニック料理に使うもの、とこだわらず、汁ものに少し入れると、うま味が出ておいしい。野菜をもんで浅漬けに使ったり、ゆずこしょうと合わせても（京都教室　家本知佳子）

## 作った料理を、アレンジ

たくさん作った煮ものや、食べきれずに残った料理は、新しい料理に変身させましょう。
飽きずに食べられて、一度で2度、3度もおいしいレシピです

### 残っちゃった！
## ポトフ

野菜たっぷりのスープを作っておけば、
忙しいときでも安心できます。
うす味にしておくと、カレーや
シチューなどにもアレンジしやすい
（横浜教室　秋田珠美）

### アレンジ！

ポトフで **ポテトサラダ**

ポトフで **ミネストローネ**

# ポトフ

3日日もち / 子ども / 35min 調理時間

## 材料（4人分）
- とり手羽元 — 6本（300g）
- じゃがいも — 大2個（350g）
- にんじん — 大1/2本（120g）
- たまねぎ — 1/2個（100g）
- キャベツ — 1/6個（130g）
- A
  - 水 — カップ3
  - 固形スープの素 — 1個
  - ローリエ — 1枚
- 塩・こしょう — 各少々
- 粒マスタード — 適量

## 作り方　●1人分 191kcal

1. とり肉の汚れをさっと洗い、熱湯をかけます。塩、こしょう各少々（材料外）をふります。
2. じゃがいもは半分に切り、にんじんは4〜6つに切ります。たまねぎ、キャベツはくし形に切ります。
3. 大きめの鍋に1、2、Aを入れて火にかけます。沸とうしたらアクをとり、火を弱めてふたをし、約25分煮ます。
4. 野菜がやわらかくなったら、器に盛り、塩、こしょうで味をととのえます。粒マスタードを添えます。

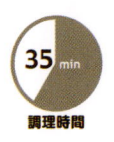

---

## ポトフで ポテトサラダ

じゃがいもをゆでるには、時間がかかりますが、ポトフからのアレンジなら、その手間が丸ごとはぶけます

お弁当 / 子ども / 10min 調理時間

### 材料（2人分）
- じゃがいも（ポトフの残り） — 150g
- にんじん（ポトフの残り） — 30g
- ロースハム — 1枚
- A
  - 酢 — 小さじ1/2〜1
  - 塩 — 小さじ1/8
  - こしょう — 少々
- 砂糖 — 少々
- マヨネーズ — 大さじ1 1/2
- サラダ菜 — 2枚

### 作り方　●1人分 147kcal

1. ハムは2cm長さの細切りにします。
2. じゃがいも、にんじんは、電子レンジで1〜2分加熱して温め、あらくつぶします。
3. Aで2に下味をつけ、ハムを加え、マヨネーズであえます。味をみて砂糖を加えます。器にサラダ菜を敷き、盛りつけます。

---

## ポトフで ミネストローネ

ポトフの残りにトマトとにんにくを加えて、コクのある味わいに。元気の出るスープです

2日日もち / 子ども / 10min 調理時間

### 材料（2人分）
- じゃがいも（ポトフの残り） — 50g
- にんじん（ポトフの残り） — 30g
- たまねぎ（ポトフの残り） — 25g
- トマト — 小1個（150g）
- にんにく — 1/2片（5g）
- ベーコン — 1枚
- オリーブ油 — 大さじ1/2

### 作り方　●1人分 125kcal

1. トマトは1cm角に切り、にんにくは薄切りにします。ベーコンは5mm幅に切ります。
2. じゃがいも、にんじん、たまねぎは1cm角に切ります。
3. フライパンにオリーブ油とにんにくを入れていため、ベーコン、トマトの順に加えて1〜2分いためます。
4. 2とポトフの汁カップ2（汁は材料外、なければ湯カップ2とスープの素1個）を3に加えて温め、塩、こしょう各少々（各材料外）で味をととのえます。器に盛り、あればパセリのみじん切り少々を散らします。

🌀 残っちゃった！
# 肉じゃが

つい多めに作ってしまう肉じゃがは、飽きないように、いろいろな料理に変身させます。具も煮汁もしっかり食べきれます（京都教室　山村優佳）

🌀 アレンジ！

肉じゃがで **じゃがドリア**

肉じゃがで **変わりオムレツ**

# 肉じゃが

3日日もち / 子ども / 調理時間 25min

**材料（4人分）**
- 牛薄切り肉* ― 250g
- じゃがいも ― 3個（500g）
- たまねぎ ― 1個（200g）
- にんじん ― 1本（200g）
- 糸こんにゃく ― 1袋（200g）
- しょうが ― 1かけ（10g）
- 水 ― カップ1½
- A
  - 砂糖 ― 大さじ2
  - しょうゆ ― 大さじ3
  - 酒 ― 大さじ2
  - みりん ― 大さじ1

*肩ロース、ばらなど。豚肉でも

**作り方** ●1人分 441kcal

1 じゃがいもは4〜6つに切り、水にさらして水気をきります。たまねぎは1.5cm幅のくし形に切ります。にんじんはひと口大の乱切りにします。糸こんにゃくは、さっとゆでて、5cm長さに切ります。しょうがは皮をこそげて、薄切りにします。
2 肉は3〜4cm長さに切ります。
3 鍋にAとしょうがを入れ、肉をほぐして加えます。強火にかけ、肉の色が変わったら、1と分量の水を加えます。
4 煮立ったらアクをとります。落としぶたをして中火で15〜20分、汁気がほとんどなくなるまで煮ます。

## 肉じゃがで じゃがドリア

バターライスとチーズを合わせれば、ボリューム満点の洋食に変身です

子ども / 調理時間 15min

**材料（2人分）**
- 肉じゃが ― 250g
- 温かいごはん ― 300g
- たまねぎ（みじん切り）― ½個（100g）
- バター ― 20g
- 牛乳 ― カップ½
- ピザ用チーズ ― 60g
- パセリ（みじん切り）― 少々
- 塩・こしょう ― 各少々

**作り方** ●1人分 650kcal

1 肉じゃがは適当な大きさに切ります。牛乳は電子レンジで少し温めます。
2 フライパンにバターを溶かし、たまねぎをいためます。すき通ってきたら、ごはんを加えていため、塩、こしょうをふります。火を止め、牛乳を加えて混ぜます。
3 耐熱容器に2を入れ、肉じゃがをのせて、チーズをのせます。
4 オーブントースターでチーズが溶けるまで焼きます。パセリをかけます。

## 肉じゃがで 変わりオムレツ

肉じゃがを包んで入れた、食べてびっくりのオムレツです

お弁当 / 子ども / 調理時間 10min

**材料（2人分）**
- 肉じゃが ― 100g
- 卵 ― 4個
- 牛乳 ― 大さじ2
- サラダ油 ― 大さじ1
- バター ― 10g
- サラダ菜・ミニトマト ― 適量

**作り方** ●1人分 345kcal

1 肉じゃがは細かく切り、半分に分けます。
2 ボールに卵を割りほぐし、牛乳を入れて混ぜます。
3 フライパンを温め、サラダ油とバターを半量ずつ入れて、2の半量を流し入れます。さい箸で卵をかき混ぜ、半熟状になったら1を中央にのせて包みます。もうひとつ作ります。器にサラダ菜とミニトマトとともに盛りつけます。

### 先生のかんたんrecipe

**残った肉じゃがの煮汁で 切り干しだいこんの煮もの**

肉じゃがの**煮汁カップ½**に**水カップ⅓**を入れて煮立てます。もどした**切り干しだいこん**を入れて、汁気がなくなるまで煮ます（梅田教室 斉藤豊子）

## 残っちゃった！
# 焼きざけ

魚を焼くときはまとめて焼いてしまいましょう。焼き魚として食べるだけでなく、くふうすると味わいが変わります。グリルを洗う手間も一度ですむので、一石二鳥
（千葉教室　望月奈緒美）

## アレンジ！

**焼きざけで さけときのこのパスタ**

**焼きざけで さけのマリネ**

## 焼きざけ

**2日** 日もち

**材料（4人分）**
さけ（甘塩）
　― 4切れ（400g）

**作り方**　●1人分 96kcal

1 グリルは予熱します。さけを入れて、焼き色がつくまで両面を焼きます。

※フライパンで焼くときは、サラダ油大さじ1/2を温め、さけを火がとおるまで両面焼きます

**15min** 調理時間

---

## 焼きざけで さけときのこのパスタ

バターじょうゆの味がおいしい和風パスタ。
さけが塩からいときは、最後の塩はふりません

**材料（2人分）**
焼きざけ ― 1切れ（100g）
スパゲティ ― 160g
しめじ ― 1パック（100g）
しその葉 ― 7枚
にんにく ― 1片（10g）
サラダ油 ― 大さじ1
A [ バター ― 10g
　　しょうゆ ― 小さじ1 ]
塩・こしょう ― 各少々

**10min** 調理時間

**作り方**　●1人分 516kcal

1 しめじは小房に分けます。しそはせん切り、にんにくは薄切りにします。さけは電子レンジで温め、ほぐします。
2 湯2ℓをわかして、塩大さじ1（材料外）を入れ、スパゲティを表示どおりにゆでます。
3 フライパンに油とにんにくを入れて火にかけます。香りが出たら、しめじをいためます。
4 さけ、スパゲティ、Aを加え、味をみて塩、こしょうで味をととのえます。皿に盛り、しそを飾ります。

---

## 焼きざけで さけのマリネ

さけを焼いて温かいうちに
つけておくと、味がなじみます

**3日** 日もち　お弁当　子ども

**材料（2人分）**
焼きざけ ― 2切れ（200g）
たまねぎ ― 1/2個（100g）
にんじん ― 30g
パプリカ（黄） ― 30g
サラダ油 ― 大さじ1/2
A [ 砂糖 ― 大さじ2/3
　　酢 ― 大さじ1 1/2
　　水 ― 大さじ1 1/2
　　しょうゆ ― 小さじ1/2 ]

**10min** 調理時間

**作り方**　●1人分 204kcal

1 たまねぎは薄切り、にんじんとパプリカはせん切り、さけは2～3つに切り、さめていたら温めます。Aは合わせます。
2 フライパンに油を温め、野菜をいためます。しんなりしたらAにつけます。
3 2にさけを加えて、味をなじませます。

---

**料理の小ワザ**

パスタは、指定のゆで時間の2分ほど前に火を止めます。あとは余熱で食べごろまでゆであがります。光熱費の削減になります　（神戸教室　水田豊子）

# わが家の調味料で作る
# たれ・調味料レシピ

すき焼きのたれ、ごまだれ、ドレッシングは和風に洋風、
中華風…。スーパーには便利なたれや調味料がたくさん。
だけど、使いきれないうちに、あれもこれもと
買っていたら、冷蔵庫はパンパンです。
家にある調味料を使って手づくりすれば、
実はとってもかんたんです。
手づくりだから安心で、おいしいたれができますよ。

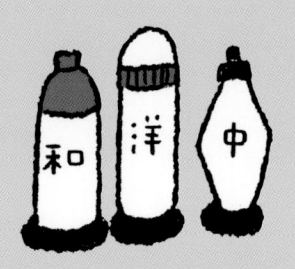

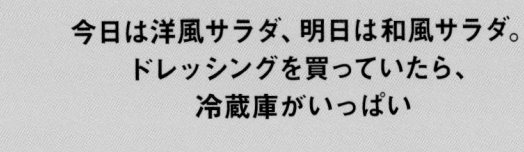

今日は洋風サラダ、明日は和風サラダ。
ドレッシングを買っていたら、
冷蔵庫がいっぱい

たまねぎ、酢、サラダ油、
塩、こしょうを混ぜれば

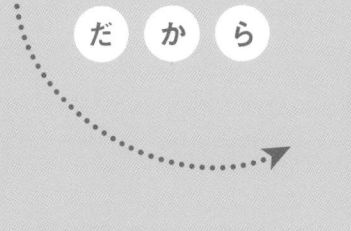

だから

家にある材料で、
おいしくできた

## 家で作れるとうれしい、たれ・調味料　ベスト3

**1. ホワイトシチューのルウ** ……… P.76
寒くなると恋しくなるシチューは、
ルウがなくても、問題なし!

**2. ごまだれ** ……… P.80
混ぜるだけで作れて、しゃぶしゃぶ、
サラダに大活躍

**3. 豆板醤**(トーバンジャン) ……… P.77
使いきれないから、買わずに代用品ですませよう

## 調味料を買わずに、おいしく調理

家でかんたんに作れるものは、使うたびに、ちょこっと作ったほうが実はお得です

※まとめ作りマークは、たっぷり作っておける調味料です。倍量作りたいときは、材料を倍にします。※レシピの赤い字が、市販の調味料の代わりになります

### ホワイトシチューのルウ

ソースやルウを買って、使いかけのまま
ひと冬越していたなんてこと、ありませんか？　家にある小麦粉＋バター＋牛乳で
満足できるおいしさになります（仙台教室　辛貞任）

基本分量（2人分） ▶▶ バター 15g ＋ 小麦粉 大さじ1 ＋ 牛乳 カップ1

## さけと根菜のクリームシチュー

子ども

調理時間 30min

**材料（2人分）**
生さけ — 2切れ（200g）
A［塩 — 小さじ1/6
　こしょう — 少々
　白ワイン — 小さじ1］
小麦粉 — 大さじ1/2
バター — 10g
たまねぎ — 1/4個（50g）
好みの根菜やきのこ* — 250g
B［バター — 15g
　小麦粉 — 大さじ1］
牛乳 — カップ1
C［スープの素 — 小さじ1
　水 — カップ1/2
　ローリエ — 1枚］
塩・こしょう — 各少々

*さといも、かぶ、にんじん、ごぼう、しめじなど

**作り方**　●1人分 424kcal

1 さけはAをふり、10分おきます。
2 たまねぎは薄切りにし、ほかの野菜は食べやすく切ります。
3 さけの水気をふいて、ひと口大に切り、小麦粉を薄くまぶします。フライパンを温めてバター10gを溶かし、軽く焼き色がつくまで焼き、とり出します。
4 厚手の鍋を温め、Bのバターを溶かします。たまねぎを入れ、しんなりするまでいためます。Bの小麦粉を加え、2〜3分いため、残りの野菜を入れて、いためます。
5 牛乳を少しずつ加え、ダマにならないように混ぜ、Cを加えます。ふたをして弱めの中火で約12分煮ます。さけを加え、塩、こしょうで味をととのえます。

# 豆板醤
トーバンジャン

麻婆豆腐に欠かせない豆板醤ですが、小びんといえども、使いきるまでに時間がかかります。家庭なら、みそに辛味の赤とうがらしとラー油を混ぜると、それらしい味で食べられます。辛くしたいときは、食べるときにラー油で調節します（渋谷教室　三田村久代）

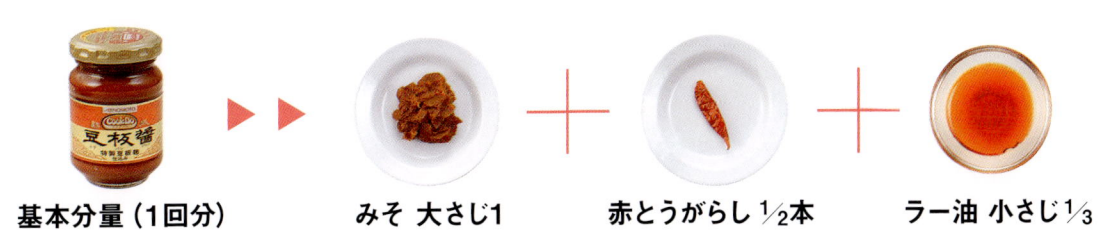

基本分量（1回分）　▶▶　みそ 大さじ1　＋　赤とうがらし ½本　＋　ラー油 小さじ⅓

## 麻婆豆腐
マーボードウフ

調理時間 20min

### 材料（2人分）
- もめんどうふ — 1丁（300g）
- 豚ひき肉 — 100g
- A　
  - ねぎ — ½本
  - しょうが — 1かけ（10g）
  - にんにく — 1片（10g）
- サラダ油 — 大さじ1
- B　
  - みそ — 大さじ1
  - 赤とうがらし — ½本
  - ラー油 — 小さじ⅓〜½
- C　
  - 酒 — 大さじ1
  - しょうゆ — 大さじ1
  - 砂糖 — 小さじ1
  - スープの素 — 小さじ½
  - 水 — カップ¾
- かたくり粉 — 大さじ1
- 水 — 大さじ2

### 作り方　●1人分 347kcal

**1** とうふをペーパータオルで包み、耐熱皿にのせて電子レンジで約2分加熱します。ペーパータオルをはずし、2cm角に切ります。

**2** Aはみじん切りにします。赤とうがらしは種をとって、細かく切ります。B、Cは合わせます。

**3** フライパンに油を入れ、弱めの中火でAをいためます。香りが出たら肉を入れ、パラパラになったらBを加えていためます。

**4** Cを加えて強火にし、煮立ったらとうふを加えてゆっくり混ぜながら、2〜3分煮ます。混ぜながら、水どきかたくり粉を加えてとろみをつけます。

77

## 甜麺醤 (テンメンジャン)

みそと砂糖を同量ずつ合わせ、しょうゆをたせば、甜麺醤代わりになります。赤みそならより近い味に。野菜のいためものに重宝なので、覚えておきましょう (渋谷教室　青木紀子)

基本分量（1回分）　▶▶　砂糖 大さじ1½　＋　みそ 大さじ1½　＋　しょうゆ 小さじ½

## なすとピーマンの甘みそいため

お弁当　子ども

### 材料（2人分）
- なす — 2個（160g）
- ピーマン — 2個
- 豚ばら肉（薄切り）— 50g
- 酒 — 少々
- サラダ油 — 大さじ1
- A
  - 砂糖 — 大さじ1½
  - みそ — 大さじ1½
  - 酒 — 大さじ1
  - しょうゆ — 小さじ½

### 作り方　●1人分 228kcal

1. なすは縦半分に切ってから、ひと口大の乱切りに、ピーマンも同じ大きさに乱切りにします。豚肉は3〜4cm幅に切り、酒少々をふります。
2. Aは合わせます。
3. フライパンに油を温め、なすをいためます。ピーマンと豚肉を加えていため、肉の色が変わったらAを加え、全体に混ぜて味をなじませます。

調理時間 15min

# すき焼きのたれ

まとめ作り　3週間日もち

具材から水が出てくるので、しっかりとした味です。配合は「砂糖1杯に、あと倍量」と覚えておきましょう。水で割って、肉どうふ、牛丼などの味つけにも使えます（銀座教室　山崎利恵子）

基本分量（1回分）▶▶ 砂糖 大さじ1 ＋ しょうゆ・みりん・酒 各大さじ2

## すき焼き丼

子ども

### 材料（2人分）
- 牛ロース肉（すき焼き用） — 150g
- しらたき — 1/2袋（100g）
- 焼きどうふ — 1/2丁（150g）
- えのきだけ — 1/2袋（50g）
- ねぎ — 1本
- サラダ油 — 大さじ1/2
- 卵 — 2個
- A
  - 砂糖 — 大さじ1
  - しょうゆ — 大さじ2
  - みりん — 大さじ2
  - 酒 — 大さじ2
- 温かいごはん — 300g

調理時間 20min

### 作り方　●1人分 743kcal

1 しらたきは6〜7cm長さに切り、熱湯でさっとゆでます。

2 とうふは縦半分に切り、1.5cm幅に切ります。えのきは根元を落とし、ほぐします。ねぎは5〜6cm長さに切ります。肉は6〜7cm長さに切ります。

3 Aは合わせます。

4 鍋に油を熱し、肉を焼きます。肉の色が変わったら、Aの1/4量を加えます。ひと煮立ちしたら、とり出します。

5 4の鍋にしらたき、とうふ、ねぎ、えのきを加えます。水50ml（材料外）と残りのAを入れ、約5分煮ます。肉をもどし入れ、ひと煮立ちさせます。

6 卵を1個ずつ小鉢に割り入れ、水を大さじ1（材料外）ずつ加えます。ラップをし、2つ一緒に電子レンジで50秒〜1分加熱して半熟卵を作ります。

7 丼にごはんと5を盛り、卵をとり出してのせます。

# ごまだれ

まとめ作り　3週間日もち

練りごまがあれば、あとは混ぜるだけ。甘すぎず、ごまの香ばしさが引き立って、美味です。酢少々でのばして温野菜にかけると、野菜がたっぷり食べられます。とうふステーキやとんカツにも（福岡教室　海江田都志子）

**基本分量（1回分）**  ▶▶ 練りごま 大さじ3  ＋ しょうゆ 大さじ1½  ＋ 砂糖・みりん 各大さじ1

## ごまだれうどん

**材料（2人分）**
うどん — 200g
油揚げ — 1枚
とりささみ（筋なし） — 2本
　酒 — 大さじ1
かいわれだいこん — ½パック
いりごま（白） — 小さじ1
〔ごまだれ〕
練りごま — 大さじ3
しょうゆ — 大さじ1½
砂糖・みりん — 各大さじ1

**作り方**　●1人分 345kcal

1 フライパンを軽く温め、油揚げを入れます（油は入れません）。両面をカリッと焼き、あら熱がとれたら、1cm角に切ります。

2 ささみは器に入れて酒をふり、ラップをして電子レンジで約1分加熱します。さめたら細かくさきます。かいわれは半分に切ります。

3 ごまだれの材料を合わせてよく混ぜます。

4 うどんはゆでて水で洗い、水気をきります。器に盛り、1と2をのせて、ごまだれをかけます。ごまをふります。

※ごまだれが濃すぎるときは、ぬるま湯少々を加えてのばします

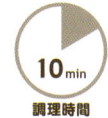

調理時間 10min

## そのほかのたれ　どれも、混ぜるだけで作れます

### お好み焼きソース

まとめ作り　3週間日もち

コク出しのポイントはオイスターソース。マヨネーズは、お好み焼きに別にかけてもいいでしょう（池袋教室　脇明子）

**材料（約50ml分）**
中濃ソース — 大さじ1
トマトケチャップ — 大さじ1
マヨネーズ — 大さじ1
オイスターソース — 小さじ1

**作り方**
1 材料すべてを混ぜます。

---

### 焼き肉のたれ

まとめ作り　3日日もち

いためものにも使えます。たまねぎ、りんごのすりおろしを入れるなど、お好みでアレンジしてください（梅田教室　植村圭子）

**材料（約100ml分）**
ねぎ — 1/4本
にんにく — 1片（10g）
いりごま（白）— 大さじ1/2
粉とうがらし — 大さじ1/3〜1/2
（または一味とうがらし少々）
砂糖 — 大さじ2
しょうゆ — 大さじ4
酒 — 大さじ1 1/2

**作り方**
1 ねぎ、にんにくはみじん切りにします。
2 1と残りの材料すべてをよく混ぜ合わせます。

---

### ドレッシング

まとめ作り　1週間日もち

新鮮な野菜には、シンプルなドレッシングで充分おいしい。合わせずに食卓で調味料をかけるだけでも（難波教室　増田由佳）

**材料（約30ml分）**
塩 — 小さじ1/6
黒こしょう — 少々
酢 — 大さじ1
オリーブ油 — 大さじ1

**作り方**
1 ボールに、オリーブ油以外の材料を合わせて混ぜます。オリーブ油を少しずつ加えます。

※粒マスタードやマヨネーズを加えても。オリーブ油をごま油にすれば中華風、サラダ油とゆずのしぼり汁を使えば和風になります

# いろいろ使える!
# おいしい乾物レシピ

週末近くになると「冷蔵庫に何もない!」
そんなときでも買物に行くのは、がまんがまん。
保存のきく乾物を、昔ながらのおそうざいだけでなく、
洋風料理にも変身させれば、1日くらいのピンチは乗りきれます。
買物に行く回数が減れば、おさいふにやさしく、
地球にもやさしい。乾物はみんなの強〜い味方なのです。

肉もないし、野菜もちょびっと

買物に行こうかな、でも時間がないし…

乾物と残っている野菜で料理を作ってみたら

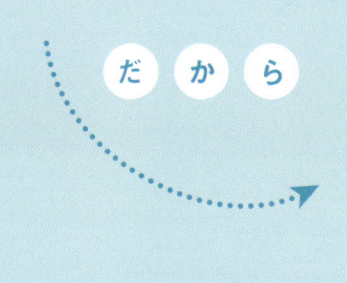

だから

乾物なのに、おしゃれな一品ができた！

# 乾物の4つのお得なポイント

1. **増える、大きくなる**
   切り干しだいこんは、もどすと約2倍
2. **保存期間が長い**
   湿気を防いで保存すれば、長〜く使えます
3. **栄養たっぷり**
   ビタミンやミネラルなど、小さい体に栄養がぎゅっ！
4. **お買得**
   給料日前でも、だいじょうぶ！

ふう
おなか
いっぱい

# ひじき

ひじきは、保存期間が長いので、
買い置きに向く乾物です。
さっとゆでるだけでも食べられるので、
煮ものにこだわらず、野菜のサラダや
あえものに、どんどん使いましょう
（渋谷教室　宮城昭乃）

### 保存 Preservation

日のあたらない、涼しいところで保存。

### 使い方 How to use

たっぷりの水で洗い、約15分水につけてもどします（長ひじきは約30分）。急ぐときは、ぬるま湯でもどしても。

ひじきはたっぷりの水でもどします。前日や朝に前もってもどしておけます。水気をよくきって保存容器に入れます

### 栄養 Nourishment

カルシウム、鉄分が豊富。

## ひじきととうふのサラダ

ひじきととうふにドレッシングで
下味をつけて、味をしみこませます

調理時間 10min（もどす時間は除く）

**材料（2人分）**
芽ひじき ― 10g
もめんどうふ ― 1/2丁（150g）
みず菜 ― 1束（70g）
いりごま（白）― 小さじ1/2
A [
　練りがらし ― 小さじ1/2
　酢 ― 大さじ1
　しょうゆ ― 大さじ1/2
　みりん ― 大さじ1/2
　塩 ― 少々
　ごま油 ― 大さじ1/2
]

**作り方**　●1人分 117kcal

**1** ひじきはたっぷりの水に15〜20分つけて、もどします。とうふは1cm角に切ります。
**2** 熱湯で**1**をさっとゆで、水気をきります。
**3** Aは合わせます。**2**をボールに入れ、Aの半量をかけてあえ、冷やします。
**4** みず菜は3cm長さに切り、水に放してパリッとさせ、水気をきります。
**5** 食べる直前に**3**とみず菜を合わせ、残りのAをかけてあえます。器に盛り、ごまを指でひねってかけます。

## ひじきのツナマヨサラダ

買い置きの乾物と缶詰で、すぐ作れます

日もち 3日 / 子ども / 調理時間 10min（もどす時間は除く）

**材料（4人分）**
芽ひじき — 20g
　しょうゆ — 小さじ1/2
コーン缶詰（ホール） — 40g
ツナ缶詰 — 1缶（80g）
きゅうり — 1本
マヨネーズ — 大さじ2

**作り方** ●1人分 129kcal

1 ひじきはたっぷりの水に約15分つけてもどし、熱湯でさっとゆでます。水気をきります。しょうゆをかけて混ぜます。
2 きゅうりはせん切りにします。コーンは水気をきります。ツナは油をきります。
3 材料全部をマヨネーズであえます。

## ひじきのいためもの

ひじきがたっぷり入って、元気になるいためものです。
長ひじきを使うと食べごたえが出ます

日もち 3日 / お弁当 / 調理時間 10min（もどす時間は除く）

**材料（4人分）**
長ひじき — 30g
ねぎ — 1本
ししとうがらし
　— 10本（40g）
にんにく — 1片（10g）
サラダ油 — 大さじ1

A ｢ 砂糖 — 大さじ1
　　酒 — 大さじ3
　　みりん — 大さじ1/2
　　しょうゆ — 大さじ1 1/2

**作り方** ●1人分 69kcal

1 長ひじきは洗い、水に30分ほどつけてもどします。水気をきり、食べやすい長さに切ります。ねぎは斜めの薄切りにします。ししとうがらしは軸を落とします。にんにくは薄切りにします。
2 フライパンに、油とにんにくを入れ、弱火にかけます。香りが出たら、ししとうがらしを加え、中火で1〜2分いためます。長ひじきとねぎを加え、全体に油がなじむまでいためます。
3 Aを加え、煮汁がなくなるまでいためます。

# 切り干しだいこん

煮ものやはりはり漬けがおなじみですが、
料理を選ばず大活躍。
もどす時間も短いのがうれしい
（柏教室　藤岡圭子）

### 保存　Preservation

封をあけたら冷蔵庫で保存します。時間がたつと黄色くなってくるので、早めに食べます。

### 使い方　How to use

軽く洗って、たっぷりの水に10分ほどつけてもどします。歯ごたえを残したいときは、約5分。

水でもみながら洗うと、やわらかくなります。水気をしぼって使います

### 栄養　Nourishment

カルシウム、食物繊維がたっぷり。

## 切り干しだいこんの 卵焼き

切り干しだいこんをいためて、
味つけしてから、卵液に加えます

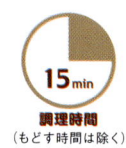

日もち 2日　お弁当　子ども　調理時間 15min（もどす時間は除く）

**材料（4人分）**

切り干しだいこん — 30g
ねぎ（みじん切り） — 6cm
塩 — 小さじ1/8
卵 — 4個

A［ 砂糖 — 大さじ1
　　みりん — 大さじ1
　　塩 — 小さじ1/3 ］
サラダ油 — 大さじ1

**作り方**　●1人分 147kcal

**1** 切り干しだいこんはさっと洗います。水に5分ほどつけて、かためにもどします。軽く水気をしぼって、約2cm長さに切ります。
**2** フライパンに油大さじ1/2を温めます。ねぎと切り干しだいこんを1〜2分いため、塩小さじ1/8をふってとり出します。さまします。
**3** 卵をときほぐし、Aを加えて混ぜます。2を加えて混ぜます。
**4** フライパンに油大さじ1/2を温め、3を流し入れます。ふたをして弱火で5〜6分、色よく焼き、裏返して同様に焼きます。食べやすい大きさに切ります。

## 切り干しだいこんの
## ピリ辛いため煮

ベーコンのうま味をたすと、
いつもの煮ものとはひと味違うおいしさです

**3日 日もち** **お弁当**

**10min 調理時間**（もどす時間は除く）

### 材料（2人分）
切り干しだいこん — 20g
ベーコン — 2枚
にんにく — 1片（10g）
赤とうがらし — 1/2本
A ┌ 酒 — 大さじ2
　├ みりん — 大さじ1/2
　└ しょうゆ — 小さじ2
ごま油 — 小さじ1

### 作り方　●1人分 150kcal

**1** 切り干しだいこんはさっと洗い、水に10分ほどつけてもどします。水気をしぼって、食べやすい長さに切ります。Aは合わせます。
**2** ベーコンは5mm幅に、にんにくはみじん切りにします。とうがらしは種をとり、小口切りにします。
**3** 鍋に油を温め、**2**をいため、香りが出たら**1**とAを入れ、汁気がなくなるまで煮ます。

## 切り干しだいこんと
## さといものみそ汁

手軽に使うなら、みそ汁に。
もどさずに使えます

**10min 調理時間**

### 材料（2人分）
切り干しだいこん — 10g
さといも — 1個
だし — カップ2
みそ — 大さじ1強（20g）

### 作り方　●1人分 56kcal

**1** 切り干しだいこんはさっと洗ってしぼり、4〜5cm長さに切ります。
**2** さといもは皮をむき、1cm厚さの半月切りにします。
**3** 鍋にだし、**1**、**2**を合わせて中火にかけ、ふたをして4〜5分煮ます。
**4** さといもがやわらかくなったら、いったん火を止めてみそをとき入れます。再び火にかけ、沸とう直前に火を止めます。

# 干ししいたけ

干ししいたけには生のしいたけにはない、うま味と香りがたっぷり。忙しい人は前もってもどしておくか、スライスを活用しましょう
（渋谷教室　三田村久代）

### ・・・ 保存　Preservation

密閉容器に入れて常温に。暑い時期は冷蔵庫に入れます。

### ・・・ 使い方　How to use

20〜30分、水につけてもどします。ぬるま湯や電子レンジでもどせますが、水で時間をかけてもどすとふっくらともどせます。前日からびんに干ししいたけと水を入れ、冷蔵庫に入れておくと便利です（約1週間保存可）。

水でさっと洗い、白い側を下にして、ひたるくらいの水に入れます

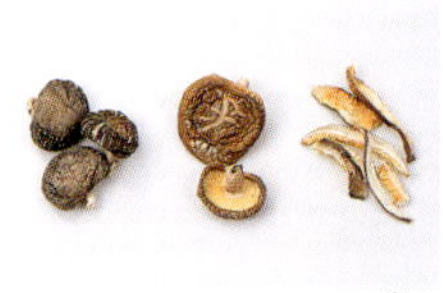

丸みをおびて、かさが厚い冬菇（どんこ）（左）、平らで薄いものが香信（こうしん）(中)です。香信のほうが早くもどります。スライス(右)は10分程度でもどります

### ・・・ 栄養　Nourishment

食物繊維が豊富。

## 干ししいたけと
## セロリのいためもの

干ししいたけが主役です。
もどしておけば、すぐ作れます

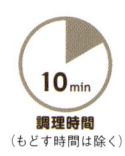

3日 日もち ／ お弁当 ／ 10min 調理時間（もどす時間は除く）

### 材料（2人分）

- 干ししいたけ* ― 10g（3〜4個）
- こんにゃく ― 1/4枚（50g）
- セロリ ― 1本
- 赤とうがらし ― 1本
- ごま油 ― 大さじ1/2
- A｜砂糖 ― 小さじ1/2
  ｜しょうゆ ― 小さじ2
  ｜酒・もどし汁 ― 各大さじ1/2

### 作り方　●1人分 51kcal

**1** 干ししいたけは、もどして細切りにします。セロリは筋をとり、4〜5cm長さの細切りにします。こんにゃくもセロリと同じ長さに切り、さっとゆでます。とうがらしは斜め半分に切り、種をとります。

**2** フライパンに油を温め、**1**をいため、Aを加えて汁気がなくなるまで中火でいり煮にします。

*スライスなら、切らずに使えます
※残ったもどし汁は捨てずに、みそ汁などに使いましょう

## 干ししいたけの炊きこみごはん

うま味出しの干ししいたけを入れて炊くから、
だしいらずで炊けます。梅干しが味のアクセント

冷凍 / お弁当 / 子ども　　60min 調理時間（もどす時間は除く）

### 材料 (4人分)
干ししいたけ* — 12g (4〜5個)
米 — 米用カップ2 (360ml)
もどし汁と水を合わせて — 400ml
酒 — 大さじ1
梅干し — 2個 (40g)

### 作り方　●1人分 275kcal

1 干ししいたけは、もどして細切りにします。
2 米はとぎ、もどし汁と水に30分以上つけます。梅干しの果肉を細かくちぎり、しいたけ、酒を加えてふつうに炊きます。

*スライスなら事前にもどさず、そのまま米と一緒につけます

## 干ししいたけの黒煮

お弁当やそうめん、うどんにのせて食べます。
冷凍もできるので、多めに作っておけます

冷凍 / お弁当　　40min 調理時間（もどす時間は除く）

### 材料 (4人分)
干ししいたけ — 20g (小8〜10個)
こんぶ — 20g*
酢 — 小さじ1
A [ 砂糖 — 小さじ2
　　酒・みりん・しょうゆ — 各大さじ1 ]

*だしをとったあとのこんぶも使えます。その場合は約50g

### 作り方　●1人分 29kcal

1 干ししいたけはもどします。こんぶはかぶるくらいの水に酢を加えて30分ほどつけ、2cm角に切ります。
2 両方のもどし汁に水を加えてカップ2にし、鍋に入れます。しいたけとこんぶをアクをとりながら弱火で約20分煮ます。
3 こんぶがやわらかくなったら、Aを加え、汁気が少なくなるまでさらに約20分煮ます。

# 高野どうふ

高野どうふは、もめんどうふを
凍らせて、乾燥させたもの。
使うときは、中まで味を
しみこませるのがポイント
（渋谷教室　三田村久代）

### 保存 Preservation

酸化しやすいので、製造年月日の新しいものを買い、封をあけたら早めに使います。

### 使い方 How to use

もどし時間は商品によって異なります。表示どおりにもどし、水気をしぼります。

袋の表示どおりにもどし、中までやわらかくなったら、手ではさんでしぼります

### 栄養 Nourishment

たんぱく質とアミノ酸が多い。消化もよい。

## 高野どうふのそぼろ

干ししいたけやごぼうも入った、体にいいものたっぷりの肉なしそぼろ。ごはんが進みます

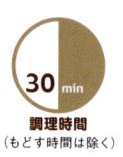

3日 日もち / 冷凍 / お弁当 / 子ども

30min 調理時間（もどす時間は除く）

### 材料（カップ2 1/2分）

A
- 高野どうふ — 2個（40g）
- にんじん — 50g
- 干ししいたけ — 2個
- ごぼう — 50g
- こんにゃく — 1/4枚（50g）

B
- だし — カップ1 1/2
- みりん — 大さじ3
- 砂糖・酒 — 各大さじ1
- しょうゆ — 大さじ1 1/2

しょうゆ — 少々

### 作り方　●1人分 73kcal

**1** 高野どうふと干ししいたけは、もどして水気をしぼります。Aを適当な大きさに切ってから、クッキングカッターにかけて細かくします。

**2** 1とBを鍋に入れ、アクをとりながら中火で12～13分、時々混ぜながら煮ます。味をみてしょうゆ少々を加え、汁気がほとんどなくなるまで煮ます。

## 高野どうふのピカタ

高野どうふとチーズの意外な組み合わせが、けっこう、くせになるおいしさです

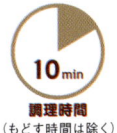

子ども　調理時間 10min（もどす時間は除く）

**材料（2人分）**
高野どうふ — 2個（40g）
A ［水 — カップ1/3
　　スープの素 — 小さじ1］
スライスチーズ
　（溶けるタイプ）— 2枚
塩・こしょう — 各少々
卵 — 1個
バター — 10g
ピーマン（輪切り）— 1個
ミニトマト — 4個

**作り方**　●1人分 262kcal

1 高野どうふはもどして、水気をしぼります。
2 耐熱容器に1とAを入れ、ラップをかけて電子レンジで約2分加熱します。ラップをはずし、そのまま さまします。
3 半分に切ります。厚みに切りこみを入れてチーズをちぎって詰め、塩、こしょうをふります。
4 フライパンにバターを溶かします。3にとき卵をからめ、両面を焼きます。
5 サラダ油少々（材料外）でピーマンをいため、塩少々（材料外）をふります。
6 皿に4を盛り、ピーマンとトマトを添えます。

## 高野どうふの変わりキッシュ

牛乳で煮て、しっかり味をしみこませるのがポイント。とろんとした、やさしい食感です

子ども　調理時間 15min（もどす時間は除く）

**材料（2人分）**
高野どうふ — 1個（20g）
エリンギ — 2本
A ［牛乳 — カップ1/4
　　水 — カップ1/4
　　スープの素 — 小さじ1/2］
マヨネーズ — 大さじ1
卵 — 2個
B ［牛乳 — カップ1/2
　　塩・こしょう — 各少々］

**作り方**　●1人分 216kcal

1 高野どうふはもどし、5cm長さの薄切り、エリンギは長さを半分にし、薄く切ります。
2 鍋にAと高野どうふを入れて煮、2～3分したら、エリンギを加えて汁気がほとんどなくなるまで煮ます。マヨネーズを混ぜます。
3 卵はときほぐし、Bを混ぜます。2に加えて混ぜます。
4 器に入れ、ラップなしで電子レンジで約3分加熱します。

## 麩
ふ

煮ものや汁ものだけでなく、いためものにも使えます。手でくだいて、ハンバーグや卵焼きに入れると、ふんわり仕上がるので、常備しておくと便利です
（渋谷教室　山上友子）

### 保存 Preservation
密封して、常温で保存します。

### 使い方 How to use
たっぷりの水につけてもどして、水気をしっかりしぼります。大きいものは、適当な大きさに切って使います。

麩は、小さいものなら、たっぷりの水に入れるとすぐもどります。手でそっとはさんでしぼります

### 栄養 Nourishment
たんぱく質が豊富。

## 麩の卵いため

ジャッといためるだけだから、手早くかんたんに作れます

調理時間 15min

お弁当　子ども

### 材料（2人分）
麩（観世麩、小町麩など） — 15g
ねぎ — 1/2本
卵 — 2個
A ┌ 砂糖 — 小さじ1
　├ 塩 — 小さじ1/6
　└ しょうゆ — 小さじ1/2
ごま油 — 大さじ1/2
七味とうがらし — 少々

### 作り方　●1人分 149kcal
**1** 麩は水でもどしてよくしぼります。ねぎは1cm厚さの斜め切りにします。
**2** 卵はといて、Aを混ぜ、麩、ねぎを10分ほどつけておきます。
**3** フライパンに油を温め、**2**を流し入れ、底がかたまったら大きく返して手早くいためます。盛りつけて、七味をふります。

## 麩とトマトのスープ

麩は具と一緒に最初からいためて煮ます。
スープを吸ってとろんと食べやい

子ども

15min 調理時間

### 材料（2人分）
麩（観世麩、小町麩など）── 10g
トマト ── 小1個（150g）
ベーコン ── 1枚
にんにくのすりおろし ── 少々
サラダ油 ── 大さじ½
A［ 水 ── 350ml
　　スープの素 ── 小さじ1 ］
塩・こしょう ── 各少々
パセリのみじん切り ── 大さじ½

### 作り方　●1人分 120kcal

**1** 麩は水でもどしてしぼり、大きければひと口大に切ります。ベーコンは5mm幅に切り、トマト*は種をとり、ざく切りにします。
**2** 鍋に油を温めてベーコン、にんにくをいため、麩、トマトを加えてさっといためます。Aを入れて約10分煮て、塩、こしょうで味をととのえます。器に盛ってパセリをふります。

*皮をむくと、口当たりがよくなります。

## いかと車麩（くるまふ）のいため煮

2日 日もち

いかに合わせて、まん中に穴があいた、
大きな車麩を使います。ボリュームがあるので、
メインとしての食べごたえ充分

### 材料（4人分）
いか ── 1ぱい（300g）
ししとうがらし
　── 1パック（80g）
車麩 ── 8個
しょうが ── 大1かけ（15g）
A［ 砂糖 ── 大さじ1
　　酒・しょうゆ ── 各大さじ2 ］
だし ── カップ½
サラダ油 ── 大さじ½

20min 調理時間

### 作り方　●1人分 123kcal

**1** 車麩はもどし、水気をしぼります。
**2** いかは、足とはらわたを抜きます。軟骨をはずし、皮付きのまま輪切りにします。はらわたを除き、足は吸盤と足先をとり、食べやすい大きさに切ります。
**3** ししとうはへたをとり、しょうがは皮をこそげて薄切りにします。
**4** 鍋にサラダ油を温め、中火でししとうをいためます。しょうが、Aを入れ、ひと煮立ちさせます。いかを加え、いかが白っぽくなったら、いかとししとうをとり出します。
**5** だしを加えて車麩を入れ、弱火で4〜5分煮、いか、ししとうをもどします。火を止め、そのまましばらくおいて味を含ませます。

# さくいん

## 豚肉

- 14 … だいこんとにんじんのみそ煮(豚ばら肉)
- 23 … はくさい鍋(豚ばら肉)
- 30 … にんじんと生揚げの煮もの(豚ロース肉)
- 33 … たまねぎと豚肉の串揚げ(豚もも肉)
- 78 … なすとピーマンの甘みそいため(豚ばら肉)
- 63 … ズッキーニとトマトのパングラタン(ソーセージ)
- 23 … はくさいのイタリアンサラダ(生ハム)
- 39 … ほうれんそうと卵のスープ(ロースハム)
- 69 … ポテトサラダ(ロースハム)
- 11 … キャベツのスープ煮(ベーコン)
- 15 … だいこんのトマトシチュー(ベーコン)
- 19 … レタスのトマトソース煮(ベーコン)
- 47 … ソースチャーハン(ベーコン)
- 69 … ミネストローネ(ベーコン)
- 87 … 切り干しだいこんのピリ辛いため煮(ベーコン)
- 93 … 麩とトマトのスープ(ベーコン)

## とり肉

- 18 … レタスととり肉のいためもの
- 35 … きゅうりとささみのいためもの
- 36 … なすととり肉の煮もの
- 60 … とり皮きんぴらごぼう
- 61 … かんたんとり皮焼き
- 61 … とり手羽先のスープ
- 69 … ポトフ(とり手羽元)
- 80 … ごまだれうどん(とりささみ)

## 牛肉

- 38 … ほうれんそうと牛肉のいためもの
- 41 … ねぎのすき焼き煮(牛ロース肉)
- 71 … 肉じゃが(牛薄切り肉)
- 71 … じゃがドリア(牛薄切り肉)
- 71 … 変わりオムレツ(牛薄切り肉)
- 79 … すき焼き丼(牛ロース肉)

## ひき肉

- 11 … たっぷりキャベツのメンチカツ(合びき肉)
- 26 … じゃがいもの焼きコロッケ(豚ひき肉)
- 77 … 麻婆豆腐(豚ひき肉)

## 魚介類

### あ
- 31 … にんじんパスタ(アンチョビ)
- 59 … いかげそマリネ
- 93 … いかと車麩のいためもの

### か
- 59 … きんめだいのあら煮

### さ
- 32 … たまねぎとさくらえびのいためもの
- 73 … 焼きざけ
- 73 … さけときのこのパスタ
- 73 … さけのマリネ
- 76 … さけと根菜のクリームシチュー
- 10 … キャベツとスモークサーモンのパスタサラダ
- 14 … だいこんのマヨネーズサラダ(スモークサーモン)
- 39 … ほうれんそうとシーフードのグラタン(シーフードミックス)
- 64 … ごはんのお焼き(ちりめんじゃこ)
- 58 … あらのハーブ焼き(すずきのあら)

## ま
- 14 … だいこんのめんたいあえ

## 野菜、くだもの

### あ
- 26 … じゃがいもとアスパラガスのバター煮
- 44 … かぼちゃとがんもの煮もの(枝豆)
- 79 … すき焼き丼(えのきだけ)
- 38 … ほうれんそうと牛肉のいためもの(エリンギ)
- 91 … 高野どうふの変わりキッシュ(エリンギ)
- 36 … なすととり肉の煮もの(オクラ)
- 67 … オクラのふんわりすまし汁

### か
- 80 … ごまだれうどん(かいわれだいこん)
- 44 … かぼちゃとがんもの煮もの
- 45 … かぼちゃサラダ
- 10 … キャベツのおかかあえ
- 10 … キャベツとスモークサーモンのパスタサラダ
- 10 … キャベツと油揚げの煮もの
- 11 … たっぷりキャベツのメンチカツ
- 11 … キャベツのスープ煮
- 33 … たまねぎと豚肉の串揚げ(キャベツ)
- 69 … ポトフ(キャベツ)
- 34 … たたききゅうりのおかかあえ
- 35 … きゅうりとささみのいためもの
- 35 … きゅうりの紫あえ
- 43 … もやしとツナのサラダ(きゅうり)
- 45 … かぼちゃサラダ(きゅうり)
- 85 … ひじきのツナマヨサラダ(きゅうり)
- 42 … もやしのねぎ油あえ(クレソン)
- 59 … きんめだいのあら煮(ごぼう)
- 60 … とり皮きんぴらごぼう
- 90 … 高野どうふのそぼろ(ごぼう)

### さ
- 31 … にんじんとさつまいものはちみつ風味
- 87 … 切り干しだいこんとさといものみそ汁
- 30 … にんじんと生揚げの煮もの(さやいんげん)
- 32 … たまねぎとさくらえびのいためもの(さやえんどう)
- 69 … ポテトサラダ(サラダ菜)
- 71 … 変わりオムレツ(サラダ菜)
- 61 … かんたんとり皮焼き(ししとうがらし)
- 85 … ひじきのいためもの(ししとうがらし)
- 93 … いかと車麩のいため煮(ししとうがらし)
- 10 … キャベツと油揚げの煮もの(しその葉)
- 73 … さけときのこのパスタ(しその葉)
- 73 … さけときのこのパスタ(しめじ)
- 26 … じゃがいもの焼きコロッケ
- 26 … じゃがいものカマンベール風味
- 26 … じゃがいもとアスパラガスのバター煮
- 27 … じゃがいものきんぴら
- 27 … じゃがいもとにらのチヂミ
- 46 … 具だくさん野菜スープ(じゃがいも)
- 69 … ポトフ(じゃがいも)
- 69 … ポテトサラダ(じゃがいも)
- 69 … ミネストローネ(じゃがいも)
- 71 … 肉じゃが
- 71 … じゃがドリア
- 71 … 変わりオムレツ(じゃがいも)
- 63 … ズッキーニとトマトのパングラタン
- 66 … 野菜のオムレツ(ズッキーニ)
- 11 … キャベツのスープ煮(セロリ)
- 46 … 具だくさん野菜スープ(セロリ)
- 88 … 干ししいたけとセロリのいためもの

### た
- 14 … だいこんのめんたいあえ
- 14 … だいこんのマヨネーズサラダ
- 14 … だいこんとにんじんのみそ煮
- 15 … だいこんのトマトシチュー
- 15 … みぞれ汁(だいこん)
- 15 … だいこんの皮のきんぴら
- 46 … 具だくさん野菜スープ(だいこん)
- 10 … キャベツのおかかあえ(たまねぎ)
- 10 … キャベツとスモークサーモンのパスタサラダ(たまねぎ)
- 11 … キャベツのスープ煮(たまねぎ)
- 15 … だいこんのトマトシチュー(たまねぎ)
- 26 … じゃがいもの焼きコロッケ(たまねぎ)
- 26 … じゃがいものカマンベール風味(たまねぎ)
- 30 … にんじんのポタージュ(たまねぎ)
- 32 … たまねぎとさくらえびのいためもの
- 33 … たまねぎと豚肉の串揚げ
- 39 … ほうれんそうとシーフードのグラタン(たまねぎ)
- 46 … 具だくさん野菜スープ(たまねぎ)
- 47 … ソースチャーハン(たまねぎ)
- 59 … いかげそマリネ(たまねぎ)
- 61 … とり手羽先のスープ(たまねぎ)
- 66 … 野菜のオムレツ(たまねぎ)
- 69 … ポトフ(たまねぎ)
- 69 … ミネストローネ(たまねぎ)
- 71 … 肉じゃが(たまねぎ)
- 71 … じゃがドリア(たまねぎ)
- 71 … 変わりオムレツ(たまねぎ)
- 73 … さけのマリネ(たまねぎ)
- 76 … さけと根菜のクリームシチュー(たまねぎ)
- 43 … もやしとピーマンの酢じょうゆあえ(トマト)
- 63 … ズッキーニとトマトのパングラタン
- 69 … ミネストローネ(トマト)
- 93 … 麩とトマトのスープ
- 46 … 具だくさん野菜スープ(ミニトマト)
- 47 … ソースチャーハン(ミニトマト)
- 62 … パンサラダ(ミニトマト)
- 71 … 変わりオムレツ(ミニトマト)
- 91 … 高野どうふのピカタ(ミニトマト)

15 … だいこんのトマトシチュー(トマト水煮缶詰)
19 … レタスのトマトソース煮(トマト水煮缶詰)

## な

35 … きゅうりの紫あえ(なす)
36 … なすととり肉の煮もの
37 … なすの田舎煮
37 … なすのレンジ蒸し中華風
78 … なすとピーマンの甘みそいため
27 … じゃがいもとにらのチヂミ
10 … キャベツのおかかあえ(にんじん)
10 … キャベツとスモークサーモンのパスタサラダ(にんじん)
14 … だいこんとにんじんのみそ煮
15 … だいこんのトマトシチュー(にんじん)
27 … じゃがいものきんぴら(にんじん)
30 … にんじんのポタージュ
30 … にんじんのナムル
30 … にんじんと生揚げの煮もの
31 … にんじんパスタ
31 … にんじんとさつまいものはちみつ風味
46 … 具だくさん野菜スープ(にんじん)
60 … とり皮きんぴらごぼう(にんじん)
61 … とり手羽先のスープ(にんじん)
69 … ポトフ(にんじん)
69 … ポテトサラダ(にんじん)
69 … ミネストローネ(にんじん)
71 … 肉じゃが(にんじん)
71 … じゃがドリア(にんじん)
71 … 変わりオムレツ(にんじん)
73 … さけのマリネ(にんじん)
90 … 高野どうふのそぼろ(にんじん)
30 … にんじんのナムル(ねぎ)
40 … ねぎの串焼き甘みそのせ
41 … ねぎのすき焼き煮
42 … もやしのねぎ油あえ
64 … ごはんのお焼き(ねぎ)
77 … 麻婆豆腐(ねぎ)
79 … すき焼き丼(ねぎ)
85 … ひじきのいためもの(ねぎ)
86 … 切り干しだいこんの卵焼き(ねぎ)
92 … 麩の卵いため(ねぎ)
23 … はくさい鍋(万能ねぎ)

## は

22 … かんたん辣白菜(はくさい)
22 … はくさいとのりのごま風味あえ
23 … はくさいのイタリアンサラダ
23 … はくさい鍋
15 … だいこんのトマトシチュー(パセリ)
71 … じゃがドリア(パセリ)
93 … 麩とトマトのスープ(パセリ)
73 … さけのマリネ(パプリカ)
43 … もやしとピーマンの酢じょうゆあえ
47 … ソースチャーハン(ピーマン)
64 … ごはんのお焼き(ピーマン)
78 … なすとピーマンの甘みそいため
91 … 高野どうふのピカタ(ピーマン)
62 … パンサラダ(ブロッコリー)
38 … ほうれんそうと牛肉のいためもの
39 … ほうれんそうとシーフードのグラタン

39 … ほうれんそうと卵のスープ

## ま

84 … ひじきととうふのサラダ(みず菜)
18 … レタスの梅ドレッシング(みつば)
22 … はくさいとのりのごま風味あえ(みつば)
42 … もやしのねぎ油あえ
43 … もやしとピーマンの酢じょうゆあえ
43 … もやしとツナのサラダ

## ら

18 … レタスのゆずこしょうあえ
18 … レタスの梅ドレッシング
18 … レタスととり肉のいためもの
19 … レタスのトマトソース煮
19 … レタスとザーサイのスープ
26 … じゃがいもの焼きコロッケ(レタス)
59 … いかげそマリネ(リーフレタス)
47 … ソースチャーハン(ルッコラ)
58 … あらのハーブ焼き(レモン)

### ごはん、めん類

10 … キャベツとスモークサーモンのパスタサラダ
31 … にんじんパスタ
47 … ソースチャーハン
64 … ごはんのお焼き
71 … じゃがドリア
73 … さけときのこのパスタ
79 … すき焼き丼
80 … ごまだれうどん
89 … 干ししいたけの炊きこみごはん

### 卵

11 … たっぷりキャベツのメンチカツ
27 … じゃがいもとにらのチヂミ
33 … たまねぎと豚肉の串揚げ
39 … ほうれんそうと卵のスープ
64 … ごはんのお焼き
66 … 野菜のオムレツ
67 … オクラのふんわりすまし汁(卵白)
71 … 変わりオムレツ
79 … すき焼き丼
86 … 切り干しだいこんの卵焼き
91 … 高野どうふのピカタ
91 … 高野どうふの変わりキッシュ
92 … 麩の卵いため

### 乾物

86 … 切り干しだいこんの卵焼き
87 … 切り干しだいこんのピリ辛いため煮
87 … 切り干しだいこんとさといものみそ汁
90 … 高野どうふのそぼろ
91 … 高野どうふのピカタ
91 … 高野どうふの変わりキッシュ
84 … ひじきととうふのサラダ
85 … ひじきのツナマヨサラダ
85 … ひじきのいためもの

92 … 麩の卵いため
93 … 麩とトマトのスープ
93 … いかと車麩のいため煮
88 … 干ししいたけとセロリのいためもの
89 … 干ししいたけの炊きこみごはん
89 … 干ししいたけの黒煮
90 … 高野どうふのそぼろ(干ししいたけ)

### その他

45 … かぼちゃサラダ(スライスアーモンド)
10 … キャベツと油揚げの煮もの
80 … ごまだれうどん(油揚げ)
18 … レタスの梅ドレッシング(梅干し)
65 … だしがらこんぶの梅干し煮
89 … 干ししいたけの炊きこみごはん(梅干し)
23 … はくさいのイタリアンサラダ(黒オリーブ)
42 … もやしのねぎ油あえ(かに風味かまぼこ)
44 … かぼちゃとがんもの煮もの
30 … にんじんのポタージュ(牛乳)
39 … ほうれんそうとシーフードのグラタン(牛乳)
71 … じゃがドリア(牛乳)
76 … さけと根菜のクリームシチュー(牛乳)
91 … 高野どうふの変わりキッシュ(牛乳)
85 … ひじきのツナマヨサラダ(コーン缶詰)
15 … だいこんの皮のきんぴら(ごま)
30 … にんじんのナムル(ごま)
80 … ごまだれうどん
84 … ひじきととうふのサラダ(ごま)
59 … きんめだいのあら煮(こんにゃく)
88 … 干ししいたけとセロリのいためもの(こんにゃく)
90 … 高野どうふのそぼろ(こんにゃく)
71 … 肉じゃが(糸こんにゃく)
71 … じゃがドリア(糸こんにゃく)
71 … 変わりオムレツ(糸こんにゃく)
14 … だいこんとにんじんのみそ煮(玉こんにゃく)
65 … だしがらこんぶの梅干し煮
89 … 干ししいたけの黒煮(こんぶ)
19 … レタスとザーサイのスープ
79 … すき焼き丼(しらたき)
26 … じゃがいものカマンベール風味
62 … パンサラダ(粉チーズ)
39 … ほうれんそうとシーフードのグラタン(スライスチーズ)
91 … 高野どうふのピカタ(スライスチーズ)
63 … ズッキーニとトマトのパングラタン(ピザ用チーズ)
71 … じゃがドリア(ピザ用チーズ)
43 … もやしとツナのサラダ
85 … ひじきのツナマヨサラダ
77 … 麻婆豆腐(とうふ)
84 … ひじきととうふのサラダ
41 … ねぎのすき焼き煮(焼きどうふ)
79 … すき焼き丼(焼きどうふ)
30 … にんじんと生揚げの煮もの
22 … はくさいとのりのごま風味あえ(焼きのり)
62 … パンサラダ
63 … ズッキーニとトマトのパングラタン
63 … パンの耳ラスク
15 … みぞれ汁(生麩)
26 … じゃがいものカマンベール風味(プレーンヨーグルト)
31 … にんじんとさつまいものはちみつ風味(レーズン)
45 … かぼちゃサラダ(レーズン)

95

### ベターホームのお料理教室なら
### "すぐに役立ち、一生使える"
### 料理の技術が身につきます

ベターホームのお料理教室は、全国18か所で開催する料理教室です。家庭料理の基本が学べる5コースのほか、レパートリーを広げたい方には、魚のさばき方が身につく「お魚基本技術の会」、「お肉料理の会」「野菜料理の会」などがあります。手づくり派には「手づくりパンの会」や「お菓子の会」も人気。男性だけのクラスもあります。

### 見学はいつでも大歓迎!
日程など、詳しくご案内いたしますので、全国の各事務局（下記）にお気軽にお問い合わせください。

### 資料請求のご案内
お料理教室の開講は年2回、5月と11月です。パンフレットをお送りします。ホームページからも請求できます。

| | | | |
|---|---|---|---|
| 本 部 事 務 局 | Tel.03-3407-0471 | 福 岡 事 務 局 | Tel.092-714-2411 |
| 名古屋事務局 | Tel.052-973-1391 | 大 阪 事 務 局 | Tel.06-6376-2601 |
| 札 幌 事 務 局 | Tel.011-222-3078 | 仙 台 教 室 | Tel.022-224-2228 |

## 材料使いきり、便利なおかず

料理研究●ベターホーム協会
撮影●大井一範　松島 均
デザイン●山岡千春
イラスト●浅生ハルミン
校正●ペーパーハウス

初版発行　2008年7月1日
7刷　　　2013年6月1日

編集　ベターホーム協会
発行　ベターホーム出版局

〒150-8363
東京都渋谷区渋谷1-15-12
〔編集〕Tel.03-3407-0471
〔出版営業〕Tel.03-3407-4871
http://www.betterhome.jp

ISBN978-4-938508-98-2
乱丁・落丁はお取替えします。本書の無断転載を禁じます。
©The Better Home Association,2008,Printed in Japan

これは便利

# 買物チェックリスト

チェックリストを持ってまとめ買いすれば、1週間乗りきれます。
リストはコピーして使います。　（くわしい使い方はP.49）

### 野菜
- ☐ にんじん　　2本
- ☐ キャベツ　　1/2個
- ☐ だいこん　　1/2本
- ☐ はくさい　　1/4株
- ☐ 青菜　　　　1束
- ☐ ねぎ　　　　1本
- ☐ きゅうり　　2本
- ☐ なす　　　　2個
- ☐ ピーマン　　1袋
- ☐ ブロッコリー1株
- ☐ レタス　　　1個
- ☐ ミニトマト　1パック
- ☐ たまねぎ　　3個
- ☐ じゃがいも　4個
- ☐ ごぼう　　　1本
- ☐ きのこ類　　1パック
- ☐ もやし　　　1袋
- ☐ にんにく
- ☐ しょうが
- ☐ フルーツ

### 肉＆魚
- ☐ 切り身魚　　4切れ
- ☐ 甘塩ざけ　　3切れ
- ☐ 干もの　　　3切れ
- ☐ とり肉　　　1枚
- ☐ 薄切り肉　　200g
- ☐ ひき肉　　　300g
- ☐ ベーコン　　100g
- ☐ ソーセージ　1袋
- ☐ ハム　　　　1パック
- ☐ あさり　　　1パック
- ☐ ちりめんじゃこ または
　　たらこ　　　1パック

### その他
- ☐ 米
- ☐ パン
- ☐ スパゲティ
- ☐ 卵
- ☐ 牛乳
- ☐ チーズ
- ☐ 納豆
- ☐ 油揚げ（生揚げ）
- ☐ キムチ
- ☐ とうふ
- ☐ わかめ
- ☐ こんにゃく（しらたき）
- ☐ 乾物（　　　　　　）

memo

CUT

### 野菜
- ☐ にんじん　　2本
- ☐ キャベツ　　1/2個
- ☐ だいこん　　1/2本
- ☐ はくさい　　1/4株
- ☐ 青菜　　　　1束
- ☐ ねぎ　　　　1本
- ☐ きゅうり　　2本
- ☐ なす　　　　2個
- ☐ ピーマン　　1袋
- ☐ ブロッコリー1株
- ☐ レタス　　　1個
- ☐ ミニトマト　1パック
- ☐ たまねぎ　　3個
- ☐ じゃがいも　4個
- ☐ ごぼう　　　1本
- ☐ きのこ類　　1パック
- ☐ もやし　　　1袋
- ☐ にんにく
- ☐ しょうが
- ☐ フルーツ

### 肉＆魚
- ☐ 切り身魚　　4切れ
- ☐ 甘塩ざけ　　3切れ
- ☐ 干もの　　　3切れ
- ☐ とり肉　　　1枚
- ☐ 薄切り肉　　200g
- ☐ ひき肉　　　300g
- ☐ ベーコン　　100g
- ☐ ソーセージ　1袋
- ☐ ハム　　　　1パック
- ☐ あさり　　　1パック
- ☐ ちりめんじゃこ または
　　たらこ　　　1パック

### その他
- ☐ 米
- ☐ パン
- ☐ スパゲティ
- ☐ 卵
- ☐ 牛乳
- ☐ チーズ
- ☐ 納豆
- ☐ 油揚げ（生揚げ）
- ☐ キムチ
- ☐ とうふ
- ☐ わかめ
- ☐ こんにゃく（しらたき）
- ☐ 乾物（　　　　　　）

memo

今日は何を作ろうかな。